こどもと一緒に読む
投資の話

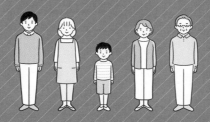

ぱる出版

は じ め に

　この本の目的は、小学校高学年以上の人が保護者のかたと一緒に読んで、投資について理解し、自分でも投資を始められるようになっていただくことです。

　最近では小学校から高校まで、お金についての基本的な知識を身につけられるという「金融教育」が行なわれるようになってきました。お金の使いみちとかせぎ方、トラブルをさける方法を学んで、大人になってからお金を有効に活用できるようになるための勉強が金融教育です。

　実は金融教育には、ちょっとした問題があります。学校の先生方は一般的な勉強を教えることについてはプロですが、お金のことをよく知っているわけではありません。先生がわからないままに教えていては、生徒もわかったようでわからないし、質問をしてもちゃんと答えてくれない。そんな場面が日本中で見られそうです。

そこで、金融教育の弱い部分を補強するために、ふだんから安全・着実に資産を作るための投資を専門分野として、ファイナンシャル・プランナーの資格も生かして活動をしている著者が、こどものための投資本を作ることにしました。

　同年代の人たちは、お金をどれくらいもらっていて、どれくらい貯めているのか。どんなふうにお金を使っているのか。

　投資とは、お金をどうすることか。なぜ投資をするとお金がふえるのか。効率よくお金のふえる投資のやり方は？

　金融教育では教えてくれない、こんなお金の「キホン」について、保護者のかたも一緒に学んでいただけたらうれしいです。

も く じ

第5章　超絶お得な節税口座「NISA」と「iDeCo」

第6章　「投資」ではない「投機」は手出し無用！

第1章

小学5年生から90歳までに
「つかうお金、はいるお金」

1 お金を「つかう・かせぐ・ためる・ふやす」を知ろう

①お金を「つかう」

　私たちは、ほしいものを手に入れたいときにお金を使います。

　この「ほしいもの」が「ほしい理由」について少しだけくわしく考えてみると、たとえば同じ100円を使うにしても、使うときの気持ちが変わってくることを知っているでしょうか?

　私たちがお金を使うときの理由は、およそ次の3パターンに分けることができます。

---

①生活のため
②楽しみのため
③成長のため

　生活のためのお金は、毎日の食事や電気・水道・ガス・スマホ、住む家の家賃や住宅ローンの返済、ふだん着などのために使います。生きていくためにどうしても必要なお金です。

　楽しみのためのお金は、お菓子を買ったりテーマパークに遊びに行ったり、おしゃれな洋服を買ったりなどに使います。

　成長のためのお金は、学校の授業では扱わない偉人の伝記や小説などの本を買ったり、ピアノやスイミングを習ったりするときなどに使います。自分の能力を伸ばすために使うお金です。

　時にはお金を使うときに、その使い道はこの3つの中のどれに当てはまっているだろう?と考えてみてはどうでしょうか。

　いつものポテチより、もっとおいしくて楽しくなるお菓子があるかも?好きなアニメ作品の原作小説を読んで、国語の成績を上げてみよう! というふうに楽しみと成長を両立できたりしたら、ステキですよね!

Let's Challenge!
保護者のかたと一緒に、「楽しみのため」「成長のため」に
どんなふうにお金を使いたいか、考えてみよう!

②お金を「かせぐ」

　お金を使うためには、前もって、どうにかしてお金を手に入れておく必要があります。

　みなさんがもらうお金は、保護者のかたが毎日朝から晩まで一生懸命仕事をして、その見返りに手に入れたものです。かせぐ方法には、定期的な仕事のほかにも、空き時間に別の仕事をする「副業」、自分で新しく仕事を始める「起業・独立」などがあります。

　保護者のかたが苦労してかせいだお金です。その分、みなさんは大いに楽しみ、成長できるようにおこづかいを使っていきたいものですね!

Let's Challenge!
保護者のかたと一緒に、
将来何をしてお金をかせいでみたいか考えてみよう!

③お金を「ためる」

　楽しみや成長のために使うお金が、仕事で定期的にかせぎだす1ヶ

月の収入より大きいことはよくあります。たとえば50万円かけて海外旅行に行きたい、200万円の新車を買いたいといった場合です。

　大きいお金を使うためには、定期的な収入からお金をさしひいて「ためる」必要があります。

　みなさんは、お金をためるのが得意ですか？　ナイキの早く走れる靴や高額のゲーミングPCを買うために、買い食いや友達とのお出かけをがまんできる人ばかりではないと思います。

　実は大人でも、決して少なくない人が、お金をためるのは苦手です。毎月の給料を必ず使い切ってしまう人や、あまったら貯金しようと考えていつまでたってもできない人が多いのです。でも「コツ」さえ知ってしまえば、お金をためるのはそれほどむずかしくありません。

　お金をためられる人（「節約家」といいます）と、お金をためられない人（「浪費家」といいます）にはそれぞれ特徴があり、節約家がやっているテクニックを普段の生活に取り入れれば、必ずお金をためることができます。本書の先のほうでわかりやすく説明していますので、楽しみにしていてください。

Let's Challenge!
保護者のかたに、お金をためるのが得意か、何のためにお金をためているか、聞いてみよう！

④お金を「ふやす」

　最近では、お金をためるだけでなく、お金を「ふやす」方法に注目が集まっています。お金をふやす方法はいろいろありますが、実はその「基本的なしくみ」はだいたい同じです。

　たとえば、人々の役に立つ技術やサービスのアイディアを持っている人は、世の中にたくさんいます。

　ところが、そういう人がみなアイディアを実現できるとは限りません。アイディアを形にして世の中に広く提供するには、そのための設備や手伝ってくれる人が必要なことが多いからです。設備を作ったり人をやとったりするには、多くのお金がかかります。

　そこで、新事業を始めるためのお金が必要な佐藤さんに、お金をたくさん持っている田中さんがお金を提供したら、どうなるでしょうか。

　佐藤さんは田中さんから得たお金を使って、人々の役に立つサービスをはじめます。仕事がうまく回り始めたら毎年お礼を支払う、という約束つきのお金です。田中さんは毎年のお礼で20年後には提供した金額分を取り返して、その先は佐藤さんの事業が続く限り、お金がもうかり続けることになっています。

　事業がうまくいった佐藤さんはお金をかせぐことができ、田中さんは長い時間をかけて、あまらせていたお金を「ふやす」ことができるようになりました。そして人々は、佐藤さんが実現したサービスを利用して、以前より少しだけ生活が便利になりました。

　世の中にあるお金を「ふやす」ための商品の多くは、このようなお金の流れをパッケージにして、それほどたくさんのお金を持っていない人でも利用しやすい形にしたものです。

　これらの商品を売買して、お金をふやすための取り組みを「投資」といいます。代表的な投資方法には、次のようなものがあります。

◎株式投資（企業にお金を提供すること）
◎債券投資（お金を企業や政府に貸して利息をもらうこと）
◎投資信託（さまざまな株式や債券に投資する商品）

　本書では、お金をふやすための有利な方法と、失敗しないための注意点をくわしく説明していきます。保護者のかたと一緒に学んでいきましょう！

Let's Challenge!

保護者のかたと一緒に、何の目的でどんな投資をして、どのくらいお金をふやしたいか考えてみよう！

2 人生は「5段階」に分かれる「人生ゲーム」だ！

　10歳で始まる小学5年生から、歳をとって亡くなるまで、人の一生は「人生ゲーム」のようなものです。

　アメリカの有名な心理学者ドナルド・E・スーパーは、歳をとるにつれてふりかかってくる「チャレンジ」や「役割」によって、人生の段階が進んでいくという説をとなえました。スーパーが言う「成長」「探索」「確立」「維持」「下降」という5段階をみていきましょう。

①成長・探索する時期

　生まれてから15歳までが成長、それから25歳までが探索の時期とされています。大人になるために必要な能力を身につけながら、それを活かし

てどんな人生を送っていきたいかを考え、いろんなことを試してみる時期です。もちろん人によって多少時期は前後します。

　小学校から中学校、高校・大学受験などを経験しながら、大人の仕事や生活をしていくために、必要な知識や考え方を学んでいきます。ほとんどの人が10代後半〜20代前半で仕事をはじめ、働きながら自分に合った生活のしかたを見つけていきます。

②確立する時期

　26歳から45歳までが確立の時期です。仕事をして知識やかせぐ力を成長させたり、結婚や子育てをして家庭をもったりしながら、それぞれの「生き方」が形になっていきます。

　この時期には、より自分に合った仕事を探して転職をしたり、勤めている会社以外でも仕事をする人（副業）が多くなってきます。会社をやめて起業（自分で事業を立ち上げること）にチャレンジする人もいます。

　家族との生活では、一生で一番大きな買い物である家を買ったり、子どもが大きくなるにつれて学校の費用がどんどんかかるようになったりと、お金の大事さがわかるようになる時期です。

③維持する時期

　46歳から65歳までは、それまでに得た知識や経験を使って、仕事や生活を続けていく時期です。

　このころから、残念ながら仕事でも体力面でも、若いころのようにぐんぐんと伸びていく感覚や、元気さがなくなっていきます。それでも知識と経験を活かして、仕事も家庭もマイペースに続けられるようになっ

ていることが多いのです。

　この時期には、歳をとっておとろえていく親のめんどうを見る人が増えてきます。親が亡くなって、財産を受け継ぐ手続き（相続）もなかなか大変です。多くの人が60歳には定年退職となり、65歳までは同じ職場で仕事を続けていきます。

④下降する時期

65歳から先は下降の時期とされています。

　日本は世界の中でも特に長生きの国で、男性の平均寿命は約81歳、女性は約87歳です。少し前までは65歳で仕事をやめてのんびり暮らす人がほとんどでしたが、最近では寿命が延びたため、70歳を過ぎても働く人がめずらしくありません。

　この時期をつまずかないように進むためには、お金をしっかりためておくか、歳をとっても続けられる仕事を見つけておくとよいでしょう。お墓やお葬式、相続などの準備を早いうちにすませておく「終活」も、残される家族のためにやっておくとよろこばれます。

> **Let's Challenge!**
> 「成長・探索」と「確立」の段階について、保護者のかたに思い出や考えていることを聞いてみよう！

3　知っておきたい、もらうお金・かかるお金の「平均値」

①小学生のお金

　少し前の調査になりますが、「子どものくらしとお金に関する調査」（第3回）2015年度調査（金融広報中央委員会）によると、小学生の約73%（パーセント）が保護者からおこづかいをもらっています。小学生が100人いたとすると、そのうち73人がおこづかいをもらっていることになります。

高学年（16項目中）	
おかしやジュース	50人
ゲームソフトやおもちゃ類	42人
まんが	42人
本屋や雑誌	34人
家の人へのプレゼント	34人
ゲームをする	33人
ノートや鉛筆など	32人
友達へのプレゼント	31人
友達との食事・おやつ代	29人
休みの日に遊びに行く時の交通費	50人

　小学校高学年（5・6年生）では、おこづかいを「月に1回もらう人」が100人のうち45人、「ときどきもらう人」が100人のうち38人です。どちらも、1回のおこづかいは1,000円くらいもらうことが多いようです。おこづかいのおもな使いみちは、「おかしやジュース」「ゲームソフトやおもちゃ類」「まんが」などです。そして、自分の貯金をもっている人は、小学校高学年100人のうち42人います。

　お正月のお年玉を楽しみにしている人も多いでしょう。小学校高学年では、100人のうち「1万円〜2万円未満（2万円より少ない）」が27人、「2万円〜3万円未満」が25人、「3万円〜5万円未満」が23人となっています。もらったお年玉は「銀行や郵便局にあずける」人が一番多くなっていて、小学生でも、高学年になるとかなりしっかりしているようです。

②中学生のお金

　「子どものくらしとお金に関する調査」（第3回）2015年度調査（金融広報中央委員会）によると、中学生の約83%が保護者からおこづか

いをもらっています。中学生が100人いたら、そのうち83人がおこづかいをもらっていることになります。

　中学生の1か月のおこづかい額は、100人のうち70人が、1,000円～3,000円の間におさまっています。なかでも2,000円前後の金額をもらっている人が一番多いようです。小学校高学年に比べると、およそ2倍になっています。

中学生（27項目中）	
友達との外食・軽食代	77人
おやつなどの飲食物	77人
友達へのプレゼント	71人
文房具	69人
家の人へのプレゼント	68人
休日に遊びに行く時の交通費	64人
ゲーム代	61人
小説や雑誌	59人
まんが	58人
映画やライブのチケット	53人

　おこづかいのおもな使いみちは、「友達との外食・飲食代」「おやつなどの飲食物」「友達へのプレゼント」などです。中学生になると、友人とのつきあいにお金を使うことが多くなります。

　自分の貯金をもっている人は、中学生100人のうち40人います。銀行のキャッシュカードを自分で保管している人は29人で、お金の管理を自分でしている人は珍しくありません。

　お年玉は、100人のうち「1万円～5万円未満」もらった人が65人で、一番多くなっています。その使いみちは、小学校高学年に比べて「特別なものを買う」（20人）、「おこづかいで足りないものを買う」（52人）人が増えています。中学生になるとお金の使いみちが広がるので、お年玉も楽しみのために活用されているようです。

③高校生のお金

　「子どものくらしとお金に関する調査」（第3回）2015年度調査（金融広報中央委員会）によると、高校生の約81％が保護者からおこづかいをもらっています。高校生が100人いたら、そのうち81人がおこづか

いをもらっていることになります。

　高校生の1か月のおこづかい額は、100人のうち39人が、5000円〜7000円の間におさまっています。4000円未満の人も34人いますが、これは高校生になるとアルバイトをしている人が多いので、保護者からもらうおこづかいが少ない人もいるということでしょう。高校生100人のうち27人が、アルバイトをしたことがあると答えています。アルバイトをしてみたいと答えた人も38人いるので、**高校生になると自分でお金をかせぎたいという気持ちが強くなるようです。**

　おこづかいのおもな使いみちは、「友達との外食・飲食代」「おやつなどの飲食物」「休日に遊びに行くときの交通費」などです。「映画やライブのチケット」「小説や雑誌」など、趣味に使う人も少なくありません。

高校生（27項目中）	
友達との外食・軽食代	89人
おやつなどの飲食物	88人
休日に遊びに行く時の交通費	79人
友達へのプレゼント	79人
昼食	73人
家の人へのプレゼント	70人
映画やライブのチケット	69人
文房具	65人
小説や雑誌	60人
まんが	57人

　高校生になると、自分の貯金をもっている人は100人のうち53人に増え、72人が銀行のキャッシュカードを自分で保管しています。ただし、おこづかいが足りなくなったことがある人も100人のうち65人います。貯金ができる人とおこづかいを使い切ってしまう人に分かれてくるようです。

④大学生のお金

　全国大学生協連が毎年行っている「学生生活実態調査」の2021年版によると、自宅から通っている大学生の1か月の収入は平均で63,603円です。そのうちアルバイトで39,860円をかせいでいます。アルバイト以外の収入には、親からのおこづかいと奨学金などがあり、そ

れぞれ1万円を超えています。**大学生にもなると、自分の使うお金は自分でかせぐ人が多くなってきます。**

　自宅に住む大学生が1か月で使うお金の平均は62,970円です。

　なかでも一番金額が大きいのは貯金と翌月への繰り越しで、18,850円です。大きな出費に備えて日ごろから貯金をするような、おちついた生活をしている人が多いようです。このほか、本を買ったりコンサートに行ったりのような教養娯楽費に11,940円、食費に10,540円を使っています。

　大学が自宅から遠いため、部屋を借りて住んでいる大学生の1か月の収入は、平均で125,280円です。そのうち保護者からの仕送りが71,880円で、アルバイトが29,130円、奨学金が20,380円と続いています。毎月2万円の奨学金が4年続けば、合計で100万円近い借金を背負って卒業することになりますから、これはなかなか大変です。

　家賃は53,920円かかっています。食費が24,680円、教養娯楽費に11,760円かかっているほかに、14,300円を貯金に回しています。

　この調査では、大学生全体に「節約したい費用」と、「もっとお金を使いたいこと」も聞いています。**外食費を含む食費や、コーヒーやたばこなどに使うお金を減らして、代わりに貯金を増やしたいというのが、一般的な大学生の「お金観」です。**しっかりした人が多いようですね。

⑤社会人が「つかう」お金

　就職をしてひとり暮らしをしている社会人は、毎月どのくらいの生活費がかかるのでしょうか。

　総務省統計局が行なった「家計調査（単身）勤労世帯」（2022年）によると、**34歳以下の単身勤労世帯の生活費（2021年）は、1か月あたりの**

平均で155,572円かかっていました。生活費
のくわしい中身は、右の表を見てください。

　社会人になると、仕事にかかわる技術や
資格についての勉強を、仕事の時間以外に
もすることがあります。**このように、自分を成
長させるために時間や労力、お金を使うことを
「自己投資」と言います。**自己投資は、右の
表では「その他」の中に入っています。

　収入アップや転職、出世（えらくなるこ
と）につながりやすい技術や資格と、身に
つけるときにかかる費用について、例をあ
げてみましょう。

節約・したい費目	外食費を含む食費	58.5%
	嗜好品代	18.9%
	交通費	14.8%
	衣料品代	12.5%
	カフェ代	10.0%
増やしたい費目	貯金	33.0%
	衣料品代	20.1%
	教養娯楽費	16.6%
	勉学費	15.3%
	書籍代	14.4%

項目	平均金額
食費	35,801円
家賃	34,918円
水道光熱費	7,540円
通信費	6,882円
交通費	3,741円
趣味娯楽・交際費	27,942円
その他	38,748円
合計	155,572円

●MOS（マイクロソフト オフィス スペシャリスト）

　**MOSは、事務職のサラリーマンのほとんどが使っている「オフィス」というパ
ソコン用の高機能ソフトを使いこなせるという証明になります。**就職や転職をす
る時に、「オフィスをマスターしている」ことは大きな「売り」になります。

　取得には、オフィスを使ったことがない人で100時間、使ったことが
ある人なら50時間程度の勉強時間と、参考書を買う費用として3,000
円ほどかかると言われています。受験料はワード・エクセル・パワーポ
イントを取得しておよそ30,000円です。

●ファイナンシャル・プランニング技能士（FP）

　**よりよい生活を送るために役立つ「お金の知識」を持っている専門家
であることを証明する国家資格です。**1級〜3級の等級があり、2級をと

ると、保険会社や不動産会社の営業職への就職や転職に活かせると言われています。相続や貯蓄、節約などの相談を受けるコンサルタントになる人もいます。

取得には150〜300時間程度の勉強時間と、参考書を買う費用として9,000円ほどかかります。受験料は11,700円です。

●マンション管理士

マンションの住人は「管理組合」を作って、マンションの管理について話し合い、業者とやりとりして修理などを行なっていきます。**この管理組合に対して、専門家の立場でさまざまなアドバイスができる能力を証明する国家資格がマンション管理士です。**

マンションの管理会社や建築会社、不動産会社で働くときに「売り」になるほか、経験を積んだ人が独立・開業することもあります。中古マンションの増加は続くので、今後も長く必要とされる資格です。「宅地建物取引士」とともに取得すると、より専門家としての価値が上がるでしょう。

取得には500時間程度の勉強時間と、参考書を買う費用として5,000円ほどかかると言われています。受験料は9,400円です。

●介護職員初任者

スクールで研修を受けて、介護職としての基礎知識や技術を学び、身につけたうえで試験に合格すると資格がとれます。

介護現場では日本人職員が少なくなってきているので、まじめに働けるかたはどこの施設でもひっぱりだこです。一生安定して働ける仕事につきたい人におすすめの資格です。

資格の取得には、週2回のスクール通学の場合、2か月ほどかかります。スクールの費用は7万円〜10万円ですが、住んでいる市町村から補助金が出ることがあるので、調べてみましょう。

⑥社会人が「かせぐ」お金

国税庁が行なっている「民間給与統計調査」（令和3年分）によると、会社に勤めている男性の平均給与（年収）は545万円で、女性の平均給与は302万円です。この調査にはアルバイトやパート社員も入っています。子育て期間中の母親は短い時間の仕事についていることが多いので、女性の年収が低くなっています。

最近では男女平等が進んでいて、仕事内容が同じなら男女の収入に差はありません。そこで、フルタイムで働く人（アルバイトやパート社員でない人）の収入をくわしく知るために、男性の平均給与を見ていきましょう。

仕事を始めたばかりの、20〜24歳男性の平均給与は287万円です。仕事を続ける中でだんだんと収入は増えていき、30〜34歳では472万円、40〜44歳では584万円、50〜54歳では664万円になっています。

ただし、これは2021年の金額なので、今後の私たちの収入が同じように増えていくかどうかはわかりません。勤める業界や会社によっても給料は違うので、参考くらいに考えてください。

実際に使えるお金は、給与から税金や社会保険料（年金保険料や健康保険料など）が差し引かれた金額です。この後で見ていく、さまざまなライフイベント（住宅購入やこどもの進学などの人生の大きな出来事）はどれもたくさんのお金がかかるので、平均的な収入をかせいでいる人でも、生活に余裕があるとは限りません。

長く会社勤めをして定年退職になり、退職金で住宅ローンを返そう、老後生活の資金にしようと考えている人は少なくないでしょう。厚生労働省が2021年に行なった「令和3年賃金事情等総合調査」によると、大企業に勤めた男性の退職金は、平均で2,000万円前後です。中小企業に勤めた男性では平均で1,000万円前後となります。日本でも欧米のように転職をする人が増えていますが、長く勤めるとお金の面ではそれなりによいことがあるようです。

　転職の実態についてみていきましょう。総務省が行なった「就業構造基本調査（平成29年）」によると、**15～24歳で転職をしたことがある人は約2割で、100人中20人程度が転職しています。これが25～34歳になると40人程度、35～44歳になると55人程度に増えていきます。**30代以上になると、転職をしたことがある人の中には、3回、4回と転職をする人も出てきます。

　多くの場合、転職をすると収入が変わります。厚生労働省が行なった「2019 年（令和元年）雇用動向調査結果」によると、2019年に転職をした人のうち、収入が増えた人は34.2%で、100人中34人程度でした。減った人は36人、変わらなかった人は28人です。特に50代後半になると、転職をして収入が減った人は100人中40人を超え、増えた人は30人以下でした。長く働いてからの転職は、不利になる場合が多いようです。

　退職金は長く勤めるほど金額が大きくなるので、転職をすると確実に減ります。勤めながら社内での評価を上げて、給料アップにつなげる方法もあることを考えると、転職を考える理由はいろいろありますが、少なくともお金のことはよく考えてからのほうがよさそうです。

4　結婚・出産

　厚生労働省が行なった「令和3年（2021）人口動態統計月報年計（概
数）」の概況によると、**男性が初めて結婚する年齢は平均で31.0歳、
女性は29.5歳です。**16年前の2005年には男性が29.8歳、女性が28.0歳
だったので、結婚をするタイミングは少しずつ遅くなっているようです。

　新型コロナウイルスのせいで、人と人が出会いにくくなり、人が集まる
こともできなかったので結婚の件数はかなり減りました。この影響が長
く続けば、今後も結婚年齢は上がっていくかもしれません。

　結婚にかかる費用も、変化しています。株式会社リクルートが行
なった「ゼクシィ　結婚トレンド調査2021」によると、**結婚式から披露
宴、ウエディングパーティーまでかかった費用の平均は292万3,000円**
で、新型コロナウイルスが流行していなかった前年に比べて70万円減りま
した。結婚式に呼ぶ親せきや友人などの数を減らした結果、料理や結婚
式の後に手渡すギフトの数が減り、費用の節約につながりました。

　2022年になるとコロナ対策が確立され、結婚式の件数は前年より増え
ているといいます。とはいえ、出席者の人数を最小限にする結婚式がすっ
かり定着しているので、今後も結婚式の費用は減っていくでしょう。

　結婚年齢が高くなるにつれて、女性の出産も遅くなっています。
2021年に、初めてこどもを出産した母親の平均年齢は30.9歳でした。

16年前の2005年には29.1歳だったので、出産が平均で2年近く遅くなっています。平均でみると、29.5歳で結婚した女性が30.9歳ではじめて出産をしているので、単純に計算すると、結婚から1〜2年のうちにはこどもが生まれることが多いようです。

　女性が出産をすると「出産育児一時金」を受け取ることができます。また、出産で仕事を休んだ母親は、給料の一部に相当する金額を「出産手当金」として受け取ることができます。どちらも健康保険組合から支払われます。

　出産育児一時金の金額は42万円です。たくさんもらえるように思えますが、これだけで出産費用をすべて支払うことはできません。出産費用は、出産を行なう病院や、入院する部屋の種類、そして分娩（こどもを産むこと）の方法によってかかる費用が変わってきます。

　正常分娩（ふつうのお産）の費用は、およそ40万〜50万円の間に収まることが多いようです。これが、たとえば洗面所やトイレ、浴室がついて家族が泊まれるようなりっぱな個室に入院すると、それだけで入院費用が20万〜30万円も増えることがあります。また、麻酔を使って出産の痛みを軽くする無痛分娩が最近では人気がありますが、これも自然分娩に比べて、10万〜20万円ほど出産費用がかかります。

　さらに、出産費用のほかにも妊娠中に受ける検診の費用もかかります。およそ5万〜10万円くらい必要なので、出産をするには最低でも、60万円はかかると考えておいたほうがよいでしょう。

5 住宅購入

　家を買うといっても、都会と地方で考え方やかかるお金はまったく違います。

　近年では東京を中心に、都会では不動産の価格が上がっています。一戸建てといっても、東京では土地の面積が20坪を切る「ミニ戸建て」と言われるような家がめずらしくありませんが、それでも1億円を超えるものが多いのです。マンションも、東京・京都・名古屋・大阪などの中心部では1億円を超える豪華なものが多いのですが、周辺の地方都市や郊外では、物件は2,000万円台からあります。中古の家やマンションもさかんに売り買いされているので、あまりこだわりがない人であれば、苦労せずに住みたい家を見つけられるでしょう。

　東京駅までの通勤時間が約50分の近県で、土地が約30坪の2階建て新築建売住宅を5,000万円で購入する場合を例にとり、住宅購入のお金についてくわしく見ていきましょう。頭金1,000万円で住宅ローンを組みます。

　まず、売買契約を結ぶ時にかかる税金などの「諸費用」が、物件価格の8%程度かかります。この例では5,000万円の8%なので、40万円です。そして、住宅ローンを35年固定、金利1.1%で組むと、月々の返済額は11万5,000円となります。

　地方で家を買う場合は事情がまったく変わります。土地の値段が都会に比べればウソのように安く、一家で持っている広い土地の中に家を建てさせてもらえることもあったりします。

　約60坪・500万円の土地に、2階建て新築住宅を2,000万円で建てるとします。この場合、諸費用は20万円です。住宅ローンを頭金500万円、20年固定、金利1.1%で組むと、月々の返済額は9万3,000円となり月々の返済額と返済期間が大きく違っています。

都会と地方では、仕事の多さや生活の便利さに違いがありますが、コロナ禍をきっかけに、自然が豊かな地方で生活することの良さが見直されました。お金の節約だけでなく、家族全員、生活全般の満足をしっかりふまえて、住宅購入を考えてみることをおすすめします。

　最後に、そもそも住宅を購入する必要があるかどうか？　について考えてみましょう。賃貸住宅にも賃貸ならではの良さがあり、その中には、持ち家では実現できないこともあります。

　賃貸物件の一番大きなメリットは、引っ越しがしやすいことです。おとなりやご近所とのトラブルや転勤・転職、離婚といった出来事が起こっても、賃貸ならいつでも引っ越せます。持ち家だと引っ越せなかったり、家を売ったりすることになるかもしれません。

　ただし、賃貸物件もいいことばかりではありません。収入がぐっと減る年金暮らしになっても、家賃を払い続けなければいけないのは不安です。

　これがそのまま、持ち家のメリットになります。住宅ローンを払い終えてしまえば、支払いがなくなることに加えて、お金が必要になった時に売れる資産になるのも大きなメリットです。

Let's Challenge!

保護者のかたに、いま住んでいる家のことと、将来はどんな生活を考えているか、聞いてみよう！

6　こどもの教育費

　幼稚園から高校、大学、または専門学校卒業まで、こどもには20年近

くの長い間、教育費がかかります。

　その総額は、日本FP協会の調べによると、**幼稚園〜大学まですべて公立に進学した場合の平均で784万円かかります。これが高校から私立に進学すると1,156万円、中学から私立に進学すると1,432万円にはねあがります。**こどもが2人、3人いれば教育費も2倍、3倍になりますから、保護者は大変です。

　教育費はこどもがいれば必ずかかるお金ですから、前もって積み立て貯金や投資などで備えておく必要があります。ただ、実際にはそれでも足りないことが少なくありません。

　そんなときは、お金を借りて教育費を支払い、後で返済する方法があります。本人が借りる「奨学金」と、保護者が借りる「教育ローン」です。

　まず金利が一番低く、長い時間をかけて返済できる奨学金から先に借りるのがおすすめです。条件が合わなくて奨学金が借りられなかったときは、日本政策金融公庫が行なっている公的教育ローンを借ります。金融機関が扱っている教育ローンは金利が一番高いので、利用はどちらからも借りられなかった場合にします。

　お金がもらえるタイプの奨学金もありますが、それ以外の借りる奨学金や教育ローンは「借金」です。返済するときのこともよく考えてから、利用することが大事です。

7　親の介護

　介護保険制度を使って、介護サービスのお世話になっている高齢者（お年寄り）は少なくありません。

　厚生労働省が行なった「令和3年度　介護給付費等実態統計」によ

ると、**80～84歳になる**
と、15.2％の男性が介
護サービスを使っていま
す。80～84歳の男性100
人のうち、15人が介護の
お世話になっていると
いうことです。**80～84**

	要支援	要介護
状態	基本的には一人で生活できる状態だが、部分的な介助が必要である。	運動機能の低下だけでなく、思考力や理解力の低下も見られる。
分類	要支援1～2	要介護1～5
利用できるサービス	介護予防サービス	介護サービス
介護保険支給限度基準額	段階により異なる	
認定窓口	市区町村の窓口	
サービス利用開始時の手続き	地域包括支援センターに行き、介護予防ケアプランを作成	居宅介護支援事業者に行き、ケアプランを作成
管轄	国、ただし一部市区町村	国

歳の女性では22人が介護サービスを利用しています。これが85～89歳に
なると、男性で28人、女性で43人が介護サービスを受けています。介護保
険を利用するには、生活のところどころで介助（手助け）があったほう
がよいとされる「要支援」か、または生活するうえで介助が欠かせない
「要介護」の認定を受ける必要があります。

　高齢者の中には、こどもや親族がめんどうを見ているため、介護サー
ビスを利用していない人もいます。この人たちは調査結果には入ってい
ませんから、生活の手助けが必要な高齢者は調査結果以上に多いで
しょう。親が70代後半になったら、介護保険の使い方を調べておいた
ほうがよさそうです。

　生命保険文化センターが行なった「生命保険に関する全国実態調
査」（平成27年度）によると、**介護期間の平均は4年9か月でした。**この
間は、介護サービス費用のうち介護保険でカバーされない自己負担が
あるほか、老人保健施設などでの食事代、レクリエーション費、紙おむ
つ代なども実費で支払います。

　日本FP協会は、介護費用について、少なくとも200万～300万円（月
額平均で5万円弱）は準備したほうが良いとしています。言い出しにくい

ことではありますが、お金のことは親が元気なうちに話し合っておいた
ほうがよいでしょう。

8 　副業、起業・独立

　副業を認める会社が増えています。

　「ウーバーイーツ」がよく知られているフードデリバリー（配達員）は、休日
やすきまの時間を活かしてかせげる代表的な副業です。また、特殊技能が
必要な仕事と、それができる人を結びつける「スキルシェア」のサービスも、よ
く利用されています。「クラウドワークス」「ココナラ」などが有名です。

　パーソル総合研究所が行なった「副業の実態・意識調査」によると、
副業をすることで、会社の仕事では得られないスキル（技能）を身につ
けたり、仲間づくりや活躍できる場が増えたりといった大きなメリットが
あるようです。

　副業で得られる収入についても、パーソル総合研究所が2019年に
調べています。「副業の実態・意識調査」によると、**副業月収の平均は
6.82万円、平均時給は1,652.1円でした。副業にかける時間は1週間あた
り平均で10.32時間となっており、これは平日に毎日2時間残業するくら
いの仕事量です。**

　最近では、会社づとめをやめて起業、または独立をする人が増えてい
ます。起業は会社を立ち上げること、独立は会社に勤めずひとりで働く
ことを言います。

　給料は増えないどころか、前の世代よりも減っています。40代以降では
希望退職を勧める企業も珍しくなくなり、定年退職まで勤められるかどう

かも不安です。そして、さまざまな調査で明らかになっていますが、日本のサラリーマンは他の国と比べても明らかに「会社ぎらい」です。これらの点を、うまくいけばまとめて解消できるのが起業、独立のメリットです。

日本政策金融公庫の「2021年度新規開業実態調査」によると、起業者の平均年齢は43.7歳で、約8割、つまり起業者100人中80人が男性でした。

開業の動機は「自由に仕事がしたかった」「仕事の経験・知識や資格を活かしたかった」「収入を増やしたかった」の順です。100人中42人が開業費用500万円以内で、小さく始めています。

黒字経営ができている人は58.2%で、100人のうち約58人が事業を順調に行なっています。2019年には64人だったので、コロナ禍の影響が出ています。

満足度については、「かなり満足」と「やや満足」を足すと、100人中70人と多くの人が満足していました。ただし、「事業からの収入」に満足している人は25人に過ぎません。黒字経営をしている人は多くても、収入に満足している人は少ないのです。満足感は、お金の面より「やりがいの大きさ」からきているようです。

9 リタイヤ生活

金融庁は2019年に、平均的な老後の生活で資産が2,000万円不足するという試算を示しました。このことが大騒ぎになったのを覚えている人もいるでしょう。

総務省が行なった2021年の「家計調査報告（家計収支編）」による

と、だいぶ事情が変わっています。2019年の報告では、毎月5万円が不足するため、老後生活が30年間続くと赤字額が2,000万円になるとされていました。しかし2021年の報告では、毎月の不足額が18,525円に減っています。老後生活が30年続くとしても、赤字額は667万円で済むわけです。

　これはアンケート調査の結果ですから、人々の暮らし向きが変われば結果ももちろん変わります。**年金と資産の額に見合った生活をしていけば何とかやりくりできるかも、ということが、2つの調査結果を通してわかってきました。**

　老後生活のお金について、高齢者がどう感じているのかをくわしく見ていきましょう。

　内閣府が行なった「令和元年度　高齢者の経済生活に関する調査」によると、60歳以上の高齢者のうち、お金の面で「心配なく暮らしている」と答えた人は74.1%にのぼります。高齢者100人のうち、74人がお金の心配をしていません。87人が年金をもらっていますが、仕事でお金をかせいでいる人も41人いました。

　高齢者夫婦が1か月に得た収入の合計は、20万円未満が47.1%、20万円以上が52.9%です。持ち家であれば、生活を切り詰める必要なく暮らしていける人が半分以上となっています。

　預貯金を取り崩している人は48.1%で、ほぼ半分の人が資産を取り崩して生活費の不足分にあてています。平均して1か月あたり2〜5万円未満を取り崩している人は100人中37人で、5〜10万円未満が25人です。仮に30年間取り崩しを続けるとしたら、1か月あたり2万円の取り崩しでも720万円必要となるので、やはり貯蓄をしておく必要はあるでしょう。

　貯蓄総額（配偶者と同居している場合は、夫婦の貯蓄額の合計）を見てみましょう。「貯蓄はない」と「100万円未満」を足すと19.1%です。

「不明・無回答」が23.1％いて、この中にも貯蓄が少ない、あるいはしていない人がいることを考えると、老後生活でゆくゆくお金が苦しくなりそうな人は、高齢者が100人いれば20人を超えていると思います。

高齢者のうち、お金をもらって仕事をしている人は100人中37人です。60代後半では48人が仕事をしていて、70代後半になっても24人が働いています。仕事をしている人100人のうち、83人が満足しています。かせげる金額は現役時代よりずっと少なくなりますが、自分の希望で仕事時間を短くしているので、収入が少ないことが多いのです。収入の多さとは特に関係なく、仕事をしている高齢者の多くは満足しています。

10 要介護生活、終活

2016年に発売された「LIFE SHIFT」という本をきっかけに、「人生100年時代」という言葉がはやりました。現在、50歳未満の人では、100歳を超えて生きることがめずらしくなくなるという驚きの内容でした。となれば、介護サービスを利用しながら生活する時間も長くなりますから、その費用について知り、備えておいたほうがよいでしょう。

介護には、家で生活する在宅介護と、老人ホームなどに入所する施設介護の2種類があります。

在宅介護にかかるお金には、訪問介護（介護スタッフに家に来てもらう）や通所介護（デイサービスなどの施設に行く）などの介護サービスを利用するときにかかる費用と、医療費やおむつ代などの介護サービス以外にかかる費用の2種類があります。少し前の調査になりますが、公益財団法人家計経済研究所が行なった「在宅介護のお金と負担2016

年調査」によると、**1か月あたりの介護サービスにかかる費用（自己負担額）は平均で1万6,000円、介護サービス以外にかかる費用は3万4,000円となっています。合計で約5万円が、在宅介護で1か月にかかる平均的な費用となります**。ただし、要介護度が高くなるほどお金がかかります。くわしくは上の表を見てください。

要介護度	介護費用の平均（1か月）
要介護度1	3万3000円
要介護度2	4万4000円
要介護度3	5万9000円
要介護度4	5万9000円
要介護度5	7万5000円

　生命保険文化センターが行なった「生命保険に関する全国実態調査」（平成27年度）によると、**介護期間の平均は4年9か月でした。介護期間を約5年と考えると、在宅介護にかかる費用は平均で300万円となり、要介護度5で計算すると450万円となります**。このほかに食費や光熱費といった生活費は別にかかりますから、在宅介護だからといって介護にかかるお金が少なくて済むと考えることはできません。

　施設介護を選ぶ場合は、入居前にまとまった金額を支払う「入居一時金」と、生活費として毎月支払う「月額費用」、そして介護サービスの利用代である「介護保険の自己負担分」という3種類の費用がかかります。このうち入居一時金と月額費用は、入所する施設によって金額が大きく変わります。

　代表的な施設とかかる費用を次頁の表にまとめました。

　特別養護老人ホーム（特養）は、主に要介護3以上と認定された方が入居する施設です。国から運営資金の一部が支払われているので、入居者の負担は少なくなります。入居一時金はなく、月額費用も定額で入居できます。特養の多くは入居希望者を受け入れきれず、何年も待っている人

が少なくありません。

介護付き有料老人ホームとグループホームは、どちらも一般企業が運営しているので、部屋の空きがあれば入居できます。ただ

施設の種別	月額費用	入居一時金
特別養護老人ホーム（特養）	6〜15万円	0円
介護付き有料老人ホーム	10〜35万円	0〜数千万円
グループホーム	15〜30万円	0〜数百万円

し費用は高く、都市部と地方で費用に大きな差があります。グループホームは、認知症になった高齢者が少人数で共同生活を送る施設です。

人が亡くなったときにかかる費用も知っておきましょう。

株式会社鎌倉新書が2020年に行なった調査によると、**お葬式にかかった費用は、葬儀のほかに火葬場と式場の使用料を合わせた平均で119万円でした。このほかに、お坊さんに支払うお布施（平均24万円）や、会葬者の飲食（31万円）、返礼品（34万円）などの費用がかかります。お墓の購入にかかった費用は平均で135万円、仏壇の費用は73万円でした。**

第2章

お金はこうやって「貯める」

1 みんなはいくら貯めている？年代ごとの資産額を知ろう

　第1章で、長い人生の間にかかるお金をこまかく見てきました。本書を読みながら焦らずに備えていけばよいのですが、ほかの人はどのくらいお金を貯めているのか、気になるかもしれませんね。

　金融広報中央委員会が行なった「令和3年（2021年）家計の金融行動に関する世論調査」で、年代ごとの金融資産（貯金や株式、投資信託など）の事情を知ることができます。

世代	単身世帯		二人以上世帯	
	平均値	中央値	平均値	中央値
20歳代	179	20	212	63
30歳代	606	56	752	238
40歳代	818	92	916	300
50歳代	1,067	130	1,386	400
60歳代	1,860	460	2,427	810
70歳代	1,786	800	2,209	1,000

　このような調査では、「平均値」と「中央値」という2つの数値がよく使われます。

　平均値とは、調査結果の数値を合計して調査件数で割ったもので、世の中の「もっとも一般的なところ」と思われています。もう一方の中央値は、調査結果を上から下まで順番に並べた時の、ちょうど真ん中の数値です。

資産額の場合は、ごく少数の人が巨額の資産を持っていることがあります。すると、平均値は大金持ちに引っ張られて高くなってしまうのに対して、中央値は少数の大金持ちの影響を受けません。左の表で、世代が上になるほど平均値と中央値の差が開いているのは、大金持ちの影響が強くなっていることを示しています。

一般的な人の資産を考えるときには大金持ちは関係ないので、ちょうど真ん中の額がわかる中央値のほうが、「一般的なところ」に近いと言えます。

2 お金が貯まる人、貯まらない人の特徴とは？

世の中にはお金をたくさんかせいでいるのに貯金ができない人もいれば、稼ぎはそんなに多くなくても、しっかりと将来の備えができている人もいます。

貯金ができる人とできない人では何が違うのでしょうか？

多くの投資家や消費ジャーナリスト、ファイナンシャルプランナーといった専門家の見解を調べた結果、お金を貯められない人には次のような特徴がみられました。

1. お金を使って楽しいことをするのがとにかく好き

2. お金の「管理」をせず、毎月の収入は必ず使い切ってしまう

3. 買う物と使う金額を前もって考えずに買い物をするため、「衝動買い」や「ついで買い」をしてしまう

4. 「安いから」という理由でよくお金を使う

5. お金があまったらちゃんと貯金しよう、と思っている

6. お金のことを考えるのがイヤで、「忙しい」などの理由をつけてやらない

　つまり、この反対のことをすれば貯金ができるようになります。

1. 「お金を使わない楽しみ」も意識して探してみる

2. 計画的に貯金をするために、家計簿アプリなどを試して自分がお金を使う「クセ」を知る

3. 買う物と使う金額を先に決めてから買い物に行く。「衝動買い」や「ついで買い」をしがちなコンビニにはなるべく行かない

4. 「高くても長く使える本当に良い物」を買うようにする

5. 毎月の収入から先取りして積み立て貯金をする

6. 本書を最後まで読み、できることから手をつけていく

Let's Challenge!

「お金を貯められない人の特徴」を保護者のかたと一緒に見ながら、自分に当てはまるかどうか考えてみよう！

3　貯める目的と必要な金額：高校生から子育て家庭まで

①高校生の貯金

　半分以上の高校生が貯金をしています。SMBCコンシューマーファイナンス株式会社が行なった、「10 代の金銭感覚についての意識調査 2022」によると、高校生の57.3%が貯金をしています。高校生が

100人いれば、57人が目的をもって貯金をしているわけです。貯金の平均額は11万6,725円です。

　高校生が貯金をする目的は、次のようなものでした。

目的	費用	目的	費用
ゲーム機	6万円	ギター	1万円〜10万円以上も
ファッション	数千円〜数万円	パソコン	5万円〜
ライブ	数千円〜2万円	バイク	30万円〜
旅行	海外なら10万円以上も	自動車	100万円〜

②大学生の貯金

　株式会社リクルートが運営する「就職ジャーナル」が行なったアンケート結果によると、大学生の半分を超える53.2%の貯金額が10万円未満でした。大学生にもなるとできるアルバイトの職種が増えて収入も上がりますが、その分使うお金も増えているのでしょう。

　大学生が貯金をする目的は、次のようなものです。

目的	費用	目的	費用
旅行（国内・海外）	数万〜30万円	帰省	遠方なら10万円以上
サークルや部活、ゼミなどの活動	数千円〜数十万円	自動車免許取得	30万円〜
就職活動	10万円〜	資格取得	数千円〜20万円以上
留学資金	200万円近い例も	ファッション	〜数万円

③独身男性・女性の貯金

　独身の男性と女性では、男性のほうが平均では貯金額が大きくなっています。推測ですが、これまでは、男性は年を取ると出世をして給料が上がっていくことが多かったのがその理由でしょう。男女の待遇格差は縮まっているので、今後は貯金額も近づいていくと思われます。

総務省が行なった「2019年全国家計構造調査」によると、男女別の平均貯金額（万円）は次の通りです。

性別	30歳未満	30歳代	40歳代	50歳代	60歳代	70歳代	80歳代
男性	156.6	441.5	864.6	1,477	1,791.20	1,426.50	1,750.10
女性	186.7	407.9	799.7	1,110.70	1,423.30	1,216.80	1,083.50

貯金の目的は、「老後の生活資金」「安心のため」「旅行やレジャーの資金」などです。

④子育て家庭の貯金

株式会社小学館が運営する育児メディア「HugKum」が行なったアンケート調査によると、小学生までのこども（児童）がいる家庭では、84％が貯蓄をしています。貯蓄額の中央値は450万円です。

ただし、貯蓄が200万円未満の家庭が35.9％にのぼる一方で、貯蓄が1,000万円を超える家庭が17.6％あります。貯蓄額は上にも下にも大きく散らばっているので、中央値を意識するよりは、それぞれの家庭でできる将来への備えを着実に行なう方向に気持ちを向けたほうがよさそうです。

おもな貯蓄の目的は、「こどもの教育資金」「老後資金」「趣味や旅行のため」「とりあえず」「住宅購入のため」「投資資金」などです。

Let's Challenge!

保護者のかたに、貯蓄をしている目的を聞いてみよう！

4 収入アップと節約の方法

　副業というほど本格的でなくても、ちょっとした工夫で収入をアップさせる方法を3つご紹介します。

収入アップの方法	いくらかせげるか
メルカリなどのフリマアプリ	やり方次第で大きな収入も
ポイントサイト	1か月あたり多くて2500円くらい
レシートアプリ	レシート1枚で1〜15円

　1つ目は、メルカリなどのフリマアプリを使って、家でいらなくなったものをこまめに売って現金化することです。仕事や趣味などを通じてプロ並みの知識のある分野があれば、安く商品を仕入れてメルカリやアマゾンで売る「せどり」もおすすめです。

　2つ目は、「ポイントサイト」です。資料請求をしたり、アンケートに答えたりといった行動をするとポイントがもらえます。たまったポイントは、楽天ポイントやdポイント、Tポイントなどの有名なポイントに交換でき、現金と同じように使えます

　3つ目は「レシートアプリ」です。アプリを使ってスマホのカメラでレシートを撮って送信すると、お金やポイントがもらえます。レシートアプリを運営している企業は、利用者から送られるレシートの情報をまとめて、統計データとして企業に売って利益を得ており、その分け前がレシートを送った人に配られるのです。レシート1枚のポイントは1〜15

円相当です。

　節約をする時に、一番かんたんで効果があるのが毎月同じようにかかる「固定費を減らすこと」です。細かいことの積み重ねですが、次のような方法があります。

更新のタイミングで家賃減額を交渉する	スマホを新料金プランに乗り換える
収入に合った安い家賃の部屋に引っ越す	格安SIMに乗り換える
エコ家電に買い替える	フリーWi-FiやポケットWi-Fiを利用する
洗濯するときに風呂の残り湯を使う	生命保険の余分な保障をカット
ガス・電気の料金プランを見直す	利用していないサービスやサブスクをやめる

5 　貯蓄のテクニック

　しっかり貯蓄している人たちがやっている「3つの貯蓄テクニック」をまねすることで、誰でも貯蓄ができるようになります。

①先取り貯蓄

　毎月の貯金額を決めておき、給料が振り込まれた時に先取りして貯金をしていけば、着実に貯金がつみ上がっていきます。自動で定期預金にお金を移してくれる積立貯蓄を設定しておけば、自分は何もしなくても、下ろしにくい口座にお金が移るので一石二鳥です。お金があまったら貯金しようと思ってもできていない人は、絶対にこれをやってください。

②家計簿をつけて収支をきちんと把握する

　　家計簿アプリを使うと、レシートを撮影したり、クレジットカードや電子マネーで使ったお金も連携したりと、お金の使いみちを記録するのがとても楽になります。毎月の収入と支出がはっきり目に見えるようになると危機感が高まって、お金を残そうという気持ちが強くなっていきます。

　　人気のある家計簿アプリには次のようなものがあります。

アプリ名	特徴
マネーフォワードME	銀行の入出金やクレジットカードの記録から自動で食費や光熱費などの分類をしてくれる
Zaim	レシート読み取り機能やクレジットカードとの連携で、かんたんに家計簿を記録してくれる
Dr. Wallet	レシートを撮影して送ると、アプリ運営のオペレーターが入力してくれるので、手書きの領収書や納品書にも対応

③夫婦で家計の「役割」を決める

　　夫婦ともに働いている家庭では、家計の役割分担をするとうまくいくことがあります。たとえば、夫が家賃や水道光熱費などの負担に加えて毎月10万円を貯金し、妻が食費や日用品費などを担当する、という風に決めてしまいます。それぞれが自分の担当だけをきちんとやればよいので、やりくりが楽になります。

Let's Challenge!

　　保護者のかたに、貯蓄をするためにしているくふうを聞いてみよう！

6 お金を貯めるなら どの銀行がおすすめ？

①預貯金ができる金融機関

　お金を貯めるための口座と言えば銀行口座ですが、他にもゆうちょ銀行や信用金庫など、お金を預かってくれる金融機関はあります。それぞれの便利な点、不便な点をまとめました。うしろに行けば行くほどおすすめです。

●都市銀行

　三菱UFJ銀行、三井住友銀行、みずほ銀行、りそな銀行が都市銀行です。全国展開しているので知名度が高く安心感はありますが、お金を増やしたい人にも、住宅ローンなどお金を借りたい人にも特に有利な点はありません。会社指定の給料振込口座になっている場合以外で、わざわざ口座を開く必要はないでしょう。

●ゆうちょ銀行

　全国の郵便局です。どの町にもあり、ゆうちょのATMでは手数料無料で入出金ができるのは便利です。ただしお金を貯める目的では、金利は都市銀行と変わりなくキャンペーンもやっていないので、正直イマイチです。

●地方銀行

　営業する地域が1，2都道府県程度に限定されている銀行です。全国どこからでも口座が作れる「ネット支店」を持っている地方銀行は要注目です。ネット支店の多くは、地方銀行の一般支店や都市銀行

よりも金利が高い定期預金を提供していることが多く、中には100倍以上の預金金利がもらえる支店もあります。実際の例で見てみると、100万円を1年間預けたときの金利が0.002％（都市銀行）と0.22％（地方銀行ネット支店）では、税引き後の利息は16円と1,753円というふうに変わります。「チリも積もれば山となる」ですから、マメに調べて預けるのもよいでしょう。

●信用金庫

地域が繁栄することを目的として活動する金融機関です。信用金庫を給料の振込先にして長く付き合っておくと、独立するときにお金を借りたり、住宅ローンを借りたりしやすくなります。定期預金の高金利キャンペーンを行なっていることも多く、実はお金に敏感な人ほどおすすめできる金融機関です。

●ネット銀行

訪ねて行ける支店を持たず、パソコンやスマホだけで取引できる銀行です。お金の出し入れは、他の銀行のATMやコンビニATMで行います。

普通預金でも都市銀行の100倍の金利がつく銀行もあります。また、証券会社が開設したネット銀行は、証券会社で投資をする人にはとても使いやすくなっているので便利です。

②仕組預金に注意！

いつでも出し入れできる普通預金や、一定期間下ろせない代わりに少し金利が高い定期預金とは別に、より高い金利がつくといううたい文句で銀行がすすめる商品があります。その多くは米ドルや豪ドルな

どの外貨で運用し、金利は約束通りにもらえるものの、為替レートの動きによっては元本割れしてしまう可能性があるものです。**名前だけが預金で、実際には不利な為替取引をしているのと同じなので、くれぐれも近づかないようにしましょう。**

[コラム]

こどもが親の証券口座で取引することは「禁止」です！

NISAやiDeCoといった、投資を普及させるための制度が利用されるようになり、人々の投資に対する目線が変わってきています。最近では、こどもに早いうちから金融リテラシー（理解する力）をつけさせようと、投資を教えて実際にやらせてみようとする保護者のかたが増えているようです。

ここで注意が必要なのは、そもそも口座名義人以外の家族が、その口座を使って取引をすることは禁止されているということです。

名義人以外の取引は、脱税やマネーロンダリング（資金洗浄）に使われることがあるほか、相場操縦といった不公正取引でもよく使われてきました。こどもが脱税や資金洗浄をするわけがないだろう、と言って通る話ではありません。

こどもが親と一緒に銀行へ行き、自分名義の口座を開いてお年玉を預けることは昔からめずらしくありません。投資をするときも同じで、証券会社にこども本人が「未成年口座」を開けば問題はなくなります。

未成年口座では、こどもが15歳になるまでは親の判断で取引をすることになります。こどもと親が相談して、親がこどもの考えを尊重したうえで取引をするというようなことが、未成年口座なら可能になるのです。

未成年口座を開くには、親が口座を持っている証券会社に、同意書などの書類を提出します。18歳未満で、結婚していない子供名義の口座を開くことができます。

第3章

お金を「ふやす」って どういうこと?

「ためる」と「ふやす」の違いって？

①お金を「ためる」と「ふやす」、それぞれの意味

　私たちがお金をためる時は、貯金箱や銀行の預金口座を使います。銀行預金には利息がつきますが、金利が低いのでほとんどお金が増えることはありません。

　そして私たちは、使わないお金をためるばかりでなく、「ふやす」ことができます。パソコンやスマホを少し操作するだけで、たとえば100万円分の株式を購入した人が、10年後に価値が上がったその株式を200万円で売ることができたりします。

　ここで知っておきたいのが、お金を増やす力がある商品は、お金を減らす可能性もあるということです。お金が減ってしまう可能性をがまんする代わりに、高い確率でお金を大きく増やす力が得られると考えてください。反対に、定期預金はお金が減ることがないので、お金を増やす力がとても弱いのです。

　こわがる必要はありません。人間の歴史を振り返れば、お金を増やそうと取り組んだ人は、一時的に損を抱えることはあるにしても、しんぼう強く続けることで得をしてきました。

②お金を増やす4つの方法：株式、債券、不動産、投資信託

　お金を増やすことができる商品の骨格となるしくみは、実はどれもほとんど同じです。

　私たちが商品を購入したお金が、活動（事業）資金を必要としている人の手元にわたり、活用されます。活動や事業によってお金をかせいだ相手は、商品を購入した私たちにお礼を支払います。そのお礼によって私たちは、お金を増やすことができるのです。

　お金を増やせる4つの商品について、くわしく見ていきましょう。

●株式

　事業をしたいと考える人にあなたが資金を提供して、相手が会社を作るとします。あなたは金額に応じた株式を受け取り、その会社の株主となります。会社の経営者は、資金を提供してくれた株主に、事業収入からお礼として配当を支払います。あなたは提供した資金を返してもらうことはできませんが、株式を他の人に売って現金化することは可能です。

　株式のしくみはこういうものですが、実際にはあなたが会社に直接資金を提供することはほとんどなく、すでに発行された株式を売買するだけです。

●債券

　手っ取り早く言うと、お金を貸した代わりに受け取る「借用書」（お金を貸したことを証明する書類）です。活動資金を必要としている企業や国にお金を貸して、約束した期間、定期的に利息を受け取ります。契約した期間が過ぎると、貸したお金は返ってきます。

●不動産（REIT）

　家やオフィスを建て、人に貸す事業を行う専門の業者に資金を提供して、その見返りに配当（分配金）がもらえる、REIT（不動産投資信託）という商品があります。不動産賃貸専業の会社の株式にあたるものです。

●投資信託

　多くの人から資金を集めて株式や債券、REIT などを買い、それらが支払う配当や利息を受け取る権利を、買った人たちで分け合う商品です。多くの投資信託は 100 円から買うことができ、さまざまな株式や債券、REIT を少しずつ買ったのと同じ効果が得られます。投資信託の価格が上がった時に売るともうかります。

> **Let's Challenge!**
> 自分はお金を「ためる」ことと「ふやす」ことのどちらにより興味があるか、考えてみよう！

2 株式を買うと、どうしてお金が増えるのか？

①株式会社のしくみ

　先ほど、株式を買うと配当がもらえるからお金が増える、という説明をしました。これは決して間違ってはいないのですが、実はだいぶ話をかんたんにしています。

　本書は、読んでくれたかたが実際に投資をして、お金をもうけられるようになっています。そこで、中学3年生になると社会科の「公民」で習う株式会社のしくみを、投資をする人向けに少しくわしく説明していきましょう。

　株式は、企業が事業をするための資金を集める時に、お金と引き換えに投資家に渡される「証拠書類」のようなものです。昔はこれを「株券」といいましたが、いまは電子化されています。証券会社のウェブサイトでどの会社の株をどれだけ持っているかを確認することができ、株式を持っている人を「株主」といいます。

　あなたがトヨタ自動車の株式を購入したとしましょう。**トヨタ自動車が発行した株式のうち、あなたが持っている株数の割合分だけ、あなたはトヨタ自動車の株主（オーナー）です。**あなたは、世界一の自動車メーカーであるトヨタ自動車という会社の持ち主（ほんの一部ですが）であり、トヨタ自動車の社長や社員は、あなたに配当を支払うためにはたらいているのです。

Let's Challenge!

どんな会社の株主になりたいか、保護者のかたと話し合ってみよう！

②株式の「上場」はみんなにメリットがある

　そもそも株式会社ができた時には、会社の創業者（経営者）が自分のお金を使って会社を立ち上げています。つまり、創業者が経営者であり、投資家でもあり、株主です。この状態では、会社が事業を行なってあげた利益はすべて創業者のものとなり、配当を出すとし

ても創業者ひとりに支払われます。

　創業者が会社の事業をより大きくしたいと考え、そのための資金が必要だと考えたとしましょう。**創業者以外の人から資金を提供してもらうために、会社は株式を発行して、お金を出してくれた人に株式を渡します。この時点で、会社は創業者だけのものではなく、他人も含めた株主のものになりました。会社は創業者以外の投資家にも定期的に、確実に配当を支払うために、事業でしっかりもうけなければならなくなりました。**

　事業資金が足りていればこのままでもよいのですが、さらに事業を拡大するために、より多くの株主にお金を出してほしいと考えたとしましょう。そこで、経営者は株式を株式市場に上場します。

　株式市場では、上場した企業の株式を誰でも売買することができます。先ほど、あなたがトヨタ自動車の株式を購入したら……という話をしましたが、これは株式市場で、上場されている株式を買ったということです。

　たとえば、ある株主Aさんが渡された株式を創業者に売って、提供した資金を取り戻したいと考えたとしましょう。この時に事業の調子が悪かったら、創業者は株式を買い戻したくないと言うかもしれません。このように、事業資金を提供することは、そのお金が返ってこないかもしれないという危険があります。

　ここで、その会社の株式が上場されていて、いつでも株式市場で売買できるとなればどうでしょうか。

　安い価格（株価）なら買いたいという投資家が現れれば、株主Aさんは少々目減りしたとしても、提供した資金の一部を取り返すことができます。**つまり株式を上場することで、投資家はその企業に対して、**

より気軽に事業資金を提供できるようになるのです。株式を上場することは、投資家と企業のどちらにも大きなメリットがあります。

　上場株式会社と投資家の関係を、下の図にまとめました。会社と投資家は配当でつながっているということがよくわかると思います。

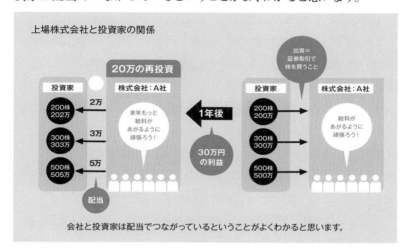

上場株式会社と投資家の関係

会社と投資家は配当でつながっているということがよくわかると思います。

③株式は「定期的に配当がもらえる権利」だから価値がある

　日本の株式市場には、3,000社を超える企業の株式が上場されています。株式の売買は月曜から金曜の午前9時〜午後3時まで行われていますが、売買する投資家の目的はさまざまです。

　「現金が欲しいので持っている株を売りたい」「成長が見込まれる企業の株式を買い、価値が上がってから売りに出してもうけたい」など、考えることは人それぞれです。

　ここで大事なのは、「もうけたい」と考える大勢の人が（コンピュータを通じて）株式市場に集まって、日々さかんに株式の売買が繰り返

されていることです。株式市場に上場されている株式は、定期的に配当がもらえる「権利」として売買されています。

　たとえば、ある上場企業の事業の調子が悪くなったとします。株主がこの会社について、将来の配当額が減るだろうと考えた場合、早く株を売って配当が確実にもらえる企業に乗り換えたいと思うでしょう。買う側も売り手の気持ちはわかるので、できるだけ安い値段で買おうとします。こうして、調子の悪い企業の株価は下がっていきます。調子のよい企業はこの反対で、配当額が増えていくと期待する投資家が集まるので、株価が上がっていきます。

　配当を支払わない会社も上場しています。これも理屈は同じで、いまは配当を支払っていないけれども、その分のお金を事業拡大のために使って、先々は配当を支払うようになると期待されているので、先回りして株式を買いたい人と売りたい人の間で売買されています。

　大まかにいえば、会社という「利益を生み出すしくみ」の「価値」に、それを投資家がいくらで買いたいか、売りたいかという「評価」が掛け合わされたものが「株価」です。人々の知恵と欲が、証券取引所で折り合いをつけているのです。

④株式投資をするとどうしてもうかるのか?

　事業を拡大していくために必要な資金を集めたいと考える会社と、お金をもうけたいと考える投資家が、株式市場を通してつながっているしくみについてみてきました。

　ところで、投資家はなぜ株を買うともうかるのでしょうか?

　株主は会社に資金を提供すると配当をもらえます。たとえば、日本

の上場企業の株主になった場合、会社にもよりますが、一般的にはおよそ50年くらい株主になっていると、配当だけで提供した資金の元を取ることができます。

　しかし、一般的に株式投資をしてもうかったという場合の多くは、買ったときの株価より高く売れたからもうかった、という話だと思います。つまり、配当をもらうことに加えて、株価の値上がりも期待して投資家は株式市場で株を買っています。となると、「なぜ株価が上がっていくと考えることができるのか」を知っておきたいところです。

　その理由は、「そもそも会社は、利益を作り出すために関係者ががんばるようにできているものだから」です。

　ある事業を行なっている会社の社員や経営者、取引相手などはみな、「今の生活をつづけて、できればもっと良くしたい」と願っています。そして、そのために「来年は給料が上がるように、商品やサービスをより多く売ろう」と思って仕事をしています。その結果が、会社の売上げから材料費や光熱費、社員の給料などを差し引いて残った「利益」です。

　会社は利益を出せなければ、事業を続ければ続けるほどお金を損し続けることになります。つまり、たまには損を出すことがあったとしても、基本的には利益を出し続けていかなければいけないのです。毎年社員の給料を上げ、取引先の値上げ要請に応え、事業を拡大するのに必要な設備を買ったうえで、利益を残して株主に配当として渡さないといけないのです。

　上場企業は多くの株主に事業の成績を常に見張られて、配当を支払わなければいけないというプレッシャーを感じながら事業を一生懸命行なっています。利益をあげられず配当も支払えない状態が長

く続いた会社は上場廃止になり、最後には倒産してしまいますから、社員も経営者も必死です。

　その結果として、**上場企業の多くはきちんと利益を上げ、事業を拡大させ配当額を増やす力をつけていくので、投資家は将来の配当増加を期待して株を買います。こうして投資家の間でキャッチボールのように売買されながら、長い期間では株価が上がっていくのです。**

　ただし実際には、時には10年以上も株価が上がらないこともあります。このような理由が考えられます。

---

①会社が赤字を出し続けている

②国の景気が悪くて、利益を上げにくい経済になってしまった

③投資家の間でブームになった株を、高すぎる株価で買ってしまった

---

　②はすべての企業にかかわることですが、①と③は個々の会社の事情です。本書では後の方のページで、個々の会社の株価に左右されすぎない投資法をお伝えしていきますので、期待していてください。

Let's Challenge!

保護者のかたがお仕事をしている企業が、利益をあげられているかどうか聞いてみよう！

3 投資をすると本当にお金は増えるのか？

①金融市場には400年以上の歴史がある

投資は理屈ではもうかるものだけど、場合によってはうまくいかないこともある、というお話をしました。そんなにあやふやなものに、自分の大切なお金を投じることはできないと思った人がいるかもしれませんね。

株式や債券を取引する金融市場には400年以上の歴史があり、細かく値動きをたどれる期間だけでも200年分の歴史があります。**株式投資はときどき、だいたい長くて10年程度の期間、うまくいかないこともありました。それでも、長くやればやるほど投資家をもうけさせてきたことを知ってほしいのです。**

10年もうまくいかない期間があったと聞くと、投資がこわくなってしまうかもしれませんね。この後でお伝えしますが、1990年以降、日本の株式は調子の悪い時期が長く続き、32年たったいまでも、当時より低い株価になっていたりします。

実は、そのこわい気持ちが大事なのです。こわさをがまんして投資をした人だけが、投資先の会社があげる利益の分け前である、配当をもらうことができます。

あなたが投資したお金がめぐりめぐって会社の役に立ち、成長すれば株価が上がる、という話は少し前にお伝えしましたね。このような投資のしくみが、実際にどれほど投資家をもうけさせてきたのかを知ってもらえば、きっとあなたのこわい気持ちは減っていくと思います。

②株式投資は210年の間に投資資金を「約70万倍」にした

右の図は、株式や債券などへの投資が昔から発達しており、くわしい記録が残っている米国で投資をした結果をグラフにしたものです。

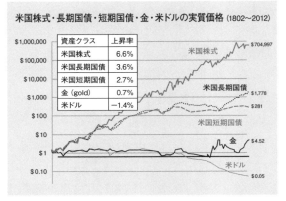

米国株式・長期国債・短期国債・金・米ドルの実質価格 (1802〜2012)

資産クラス	上昇率
米国株式	6.6%
米国長期国債	3.6%
米国短期国債	2.7%
金 (gold)	0.7%
米ドル	−1.4%

米国の株式、長期国債、ゴールド（金）、短期国債に投資した結果を描いています。期間は1802年〜2012年です。

この期間には2回の世界大戦がありましたし、1970年代のベトナム戦争で米国社会は深く傷つきました。20世紀には世界恐慌、21世紀にはリーマンショックという経済危機があり、2001年にはニューヨークがテロ攻撃を受けました。世界が平和だった時期はなく、米国経済が大きな損害を受ける出来事はたくさんあったのです。

それでもグラフを見ればわかるとおり、どんな出来事も200年のグラフで見れば、ほんの小さな凹みにすぎません。**長期間投資をしていれば、経済の傷は必ず回復し、株価もふたたび上昇していきます。**

そして、長期国債・短期国債・ゴールドに比べて、株式投資がずば抜けて有利な投資の手段だったことも、一目でわかると思います。**株**

式投資では、1802年に投資した1ドルが、210年の間に「約70万倍」になったのです！　株式投資の力を感じてもらえたでしょうか？

　ものすごい増え方に感じられますが、1年ごとの投資成績に置き換えると、毎年6.6％の上昇になります。1万円を投資して、1年後に1万660円になるくらいですから、そうびっくりするような増え方ではないですよね。それでも毎年6.6％ずつ増えると、1万円が10年後には1万8,948円、20年後には3万5,904円、そして30年後には6万8,032円に増えます。そして、仮に同じ期間を定期預金に預けていた場合、現在の金利がこのまま続けば、30年たっても1万円は1万円のままです。

　この運用成績は過去の米国のものですが、日本を含めた米国以外の国についても、成績の良しあしはあっても、長期間の株式投資ではみな投資資金は増えていました。

　将来の日本や世界の株式で同じような運用成績があげられるかどうかは、未来のことなので断言はできません。

　とはいえ、考えてみてください。**投資をする人の「お金をもうけたい」という気持ちは、過去も未来も違いはありません。であれば、人々の行動の結果である株価もそれほど大きくは違わないと考える方が、自然ではないでしょうか。**歴史とまったく違う、投資をした人が延々と損をし続ける未来がやってくると考えるよりは、投資がお金を増やす力を信じるほうが、自然ではないでしょうか。

Let's Challenge!
グラフを見た感想と、投資をした方がよいかどうかについて、保護者のかたと話し合ってみよう！

③債券投資ではお金は増えないの？ いいえ、増えます！

58ページのグラフをもう一度見てみましょう。

株式投資は200年の間、順調に右肩上がりになっています。それに比べて、長期国債と短期国債の成績が、途中から右肩上がりになっていないことに気がついたでしょうか？

長期国債と短期国債は、どちらも国が発行する債券です。満期（投資したお金が返ってくるまでの期間）と金利に違いがありますが、ここでは区別をせず、株式より安全な債券投資としてまとめてお話しします。

まず、このグラフを見ると債券投資がもうからないように見えてしまうのですが、そんなことはありません。

ポイントは、グラフの一番下に描かれている「米ドル」の線です。1950年くらいから米ドルの線がどんどんマイナス方向に進み、同じ時期から国債が横ばいになっているのがわかるでしょうか。

「米ドル」とは文字の通りで、現金を投資せず銀行にもあずけず、家に置いておいた場合です。保護者のかたには「タンス預金」という言葉がわかりやすいでしょう。1950年くらいからお金の価値がマイナスになっているのは、物価がどんどん上昇して、同じお金でも買えるモノやサービスがどんどん少なくなっていることを表しています。

つまり、この期間に債券投資が横ばいになっているのは、現金の価値がどんどん減ってしまう時期に、債券投資をしたことで投資した資金の価値を減らさずに済んだということです。**債券投資も、株式投資ほどではありませんが、着実にお金を増やす力があります。**

株式投資と債券投資で、それぞれどのくらいお金を増やす力があ

るかを表にまとめました。投資資金1万円が、10年〜30年でどれほど
価値が増えるかを示しています。

	過去の運用成績 (年率)	10年	20年	30年
米国株式	6.6%	¥18,948	¥35,904	¥68,032
米国長期国債	3.6%	¥14,243	¥20,286	¥28,893
米ドル（お金）	-1.4%	¥8,685	¥7,543	¥6,551

Let's Challenge!

上の表のように、株式や債券でこれだけお金が増えたということについ
て、保護者のかたにも感想を聞いてみよう！

④日本株は「オワコン」なのか？

　最後に、長期投資がうまくいかなかった、日本の例についてお伝
えしておきましょう。保護者のかたのなかには、1990年以降、日本
株の値動きを表す「日経平均」が低迷しており、30年以上たったいま
までも過去の最高値を更新できていないことを知っている人も少なく
ないと思います。

　その理由は、「バブルのあと始末に時間がかかった」からです。

　不動産と株式が両方とも価格が上がりすぎてしまった「平成バブ
ル」がはじけてから、あと始末が最終的に済んだのは2003年だといわ
れています。そして、**2003年以降の株式の運用成績を見てみると、日本
株式と欧州株式にはほとんど違いがありません。米国はこの10年ほど特
別に株式投資の調子が良かったので例外となりますが、日本の株式が他
の先進国に比べて、特別に調子が悪くもう未来がない、というような悲観**

的な話ではないのです。

　今後は、日本株式は特別にダメだと決めつける必要はありません。分散投資をする時は、ぜひ日本株式を入れましょう。

4 「長期投資」と「短期売買」はどう違う？

①「安く買って高く売る」のはむずかしい

　これまでの説明は、投資は長期でやるものということを前提にお話ししてきました。米国株式の200年の歴史がまさにその例です。

　世の中の投資家の全員が、長期投資を前提にしているわけではありません。株価が上がったり下がったりするなら、ずーっと長期で持ち続けるよりも、下がったところで買って上がったら売るのを繰り返したほうがもうかる！と考えるのはまったくふしぎなことではありません。

　問題は、「安く買って高く売る」ことが本当にできるかどうかです。

　株式市場に参加する人がだれでも安く買って高く売ることができるなら、世の中は大金持ちであふれているはずです。ところが、実際にはそうなっていません。むしろ株式投資をしたことがない人からは、投資は損をする可能性があるものと警戒されているのが現実です。

　もう1つ問題があります。

　ある会社の株価が安いか高いかどうかは、本来は、その会社が利益をあげる「実力」に見合っているかどうかで決まります。ということ

は、ある会社の株価が安いと思ったAさんが買い、高いと思ったBさんが売るというような売買は当たり前に行われていますが、その株式についての判断は、実はどちらかが必ず間違えていることになるわけです。

間違えて高く買った人はもうからないし、間違えて安く売った人は損をします。「その会社が利益をあげる実力」は目に見えないので、「安く買って高く売る」のはなかなかむずかしいのです。

②株式の短期売買は「ゼロサムゲーム」

付け加えて言うと、「安く買って高く売る」短期売買と、「200年の右肩上がりを信じて投資する」長期投資では、行なっている「ゲームの種類」が違います。この先は少しむずかしくなりますが、できるだけわかりやすく説明していきます！　保護者のかたの助けも借りながら、がんばってついてきてください。

株式の短期売買は、株式市場に上場されているすべての株式の価値（時価総額）を参加者で分け合うゲームだと考えることができます。時価総額とは、発行された株式の数（株数）に株価をかけた金額で、その時点での会社の価値を表します。

短期売買ゲームの参加者は、他の参加者から株式を安く買って、また別の参加者に高く売りつけようとします。成功すると短期売買で得をすることになります。

ここで重要なのは、基本的に、ごく短い期間では株式市場の時価総額は変わらないことです。取引できる金額の合計が変わらないので、誰かの得は必ず別の誰かの損によって発生しているということになります。

このように、参加者全員の損得
の合計がゼロになるゲームのことを
「ゼロサムゲーム」（右の図）といい
ます。サム（sum）は英語で「合計」
の意味です。

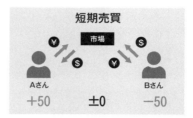

短期売買

市場

Aさん　　　　　　　Bさん

+50　　　±0　　　−50

　ゼロサムゲームは、平均より少しでも「うまい」人は、やればやるほどもう
かります。反対に「へたな」人は、やればやるほど損がふくらんでいきます。

　そして、自分が株式短期売買ゲームがうまいかどうかはだれにもわか
りません。自分がうまいと思うのは勝手ですが、その「うまさ」は「か
けっこの速さ」のように計れるものではないので、本当はへたかもしれ
ません。**自分がうまいかどうかがわからない以上、ゼロサムゲームである株
式短期売買は、もうけを期待できるものではない**という理屈が、わかって
もらえたでしょうか。

②株式の短期売買は、ほんとうは「マイナスサムゲーム」

　ゲームの種類はゼロサムゲーム以外にもあります。参加者全員の損
得の合計がマイナスになる「マイナスサムゲーム」と、参加者全員の損
得の合計がプラスになる「プラスサムゲーム」です。

　**マイナスサムゲームでは、参加者はゲームをやればやるほど損をしてい
きます。**ものすごくうまい人は勝ち続けられるかもしれませんが、ほとん
どの人が損をしてしまうゲームです。

　そしてついさっきゼロサムゲームだと言った短期売買は、ほんとう
はマイナスサムゲームだとしたら……おどろきますか?

　株式の短期売買の損得についてこまかく見ていくと、売買をする時

に、わずかですが証券会社に手数料を支払います。つまり、参加者が売買をすればするほど、株式市場の価値が少しずつ、第三者（ゲームに参加していない人）である証券会社にこぼれ落ちてしまうのです。手数料の分だけ、損をした人はさらに少し損が増え、得をした人は少し得が削られてしまいます。

　さらに、株式投資で得たもうけには税金がかかり、利益の20.315％が国や地域にこぼれ落ちてしまいます。100万円のもうけが出ても、そのうち20万3150円はとられてしまうのです。

このように、売買の手数料と税金を考えると、株式の短期売買は実際にはゼロサムゲームではなく、マイナスサムゲーム（右の図）だと言えそうです。という

ことは、株式の短期売買は、自分が絶対にうまいという自信がない限り、やればやるほど損をする可能性が高いことになります。

　株式投資は楽しく知的なゲームです。短期売買でも、ライバルである他の参加者とのかけひきを楽しむために、趣味で行なう分には悪くありません。

　ただし、資産形成を着実にしていきたい場合は、小さな金額にとどめておいた方がよいでしょう。トランプゲームやギャンブルをするのと何も変わらないということは、覚えておいてください。

③株式の長期投資は「プラスサムゲーム」

　「プラスサムゲーム」では、参加者が分け合う金額の合計に対して、

ゲーム中に何らかのお金が足されます。その結果、参加者全員の損得の合計がプラスになります。言い換えれば、プラスサムゲームではゲーム中に、参加者が分け合う金額が「成長」します。

株式の短期売買がマイナスサムゲームだったのに対して、長期投資は明らかにプラスサムゲームです。

55ページで説明したように、利益をあげるためにそれぞれの会社の経営者や社員はがんばっています。なかでも上場企業は、もうける力がなくなると上場廃止になるので、長い間では利益をあげられる会社だけが残っていきます。安定して利益をあげられる会社は、資金の余裕を使って会社の規模を拡大し、よりもうけられるようになっていくでしょう。年々もうける力が大きくなる会社の株は、多くの投資家が保有したいと考えるので、買い手がどんどんついて株価が上がっていくのです。

ただし、ここで問題が1つあります。

上場企業全体では、長い間ではもうける力のある企業が残って全体的に株価が上がり、株式市場の時価総額が大きくなっていきます。なので、参加者の損

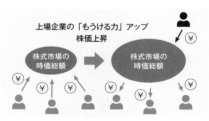

得を足すとプラスになる、プラスサムゲーム（上の図）になるわけです。

しかし個々の企業への投資では、もうける力が落ちていく企業に長く投資していてももうかりません。そして、もうける力を上げていく成長企業を事前に見抜くことができるかどうかは、「安く買って高く売る」ことと同じように、自分がうまいかどうかはわかりません。少数の株式にだけ投資してい

ては、長期投資のプラスサムゲームという特徴を活かしにくいのです。

　**大事なのは、多くの企業を同時に保有する「分散投資」を行なって、なる
べく株式市場のプラスサムゲームに乗っかっていくことです。**具体的な方法
については、次の章でくわしくお伝えするので、期待していてください!

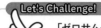

Let's Challenge!

「ゼロサムゲーム」「マイナスサムゲーム」「プラスサムゲーム」について、
保護者のかたと一緒に、理解できているかどうかをおさらいしてみよう!

④「マイナスサムゲーム」はギャンブルと同じ

　先ほど、株式の短期売買はマイナスサムゲームで、トランプゲームや
ギャンブルと何も変わらないというお話をしました。

　あなたは、ギャンブルというと何を思い浮かべるでしょうか?

　海外には「カジノ」という施設があります。そこではルーレットやス
ロットマシン、トランプゲームなど、お金をかけて勝てば増える、負け
れば取られるというギャンブルが楽しめるので、世界中からお客が
やってきます。日本国内でも、競馬や競輪、競艇、パチンコ、宝くじな
どのギャンブルがさかんです。

　**これらのギャンブルには1つ、共通の特徴があります。長くやればやる
だけ、損をすることが決まっているということです。**

　なぜ損をするのでしょうか。これは、参加者がかけたお金をそのま
ま参加者全員で分け合うのではなく、ギャンブルを運営している人が
かなりのお金を取ってしまうからです。運営の取り分を引いた金額を
参加者が分け合うのですから、よほどそのゲームがうまくない限り、や
ればやるほど損をするのは当然だと言えるでしょう。これこそがマイナ

スサムゲームの特徴です。

　たとえば、競馬では1レースごとに、馬券が売れた合計金額から、運営しているJRA（日本中央競馬会）が25％を差し引きます。参加者1万人が合計で1億円をかけたとすると、JRAが25％を差し引いた7,500万円を、馬券を当てた人が分け合うことになります。これでは天才馬券師でもない限り、競馬でもうけることはむずかしいということがわかるでしょう。

　ほかのギャンブルでも、運営の取り分の割合は違っても、しくみは同じです。パチンコではおよそ7〜10％、宝くじはなんと販売金額の半分以上が運営の取り分です。

　ここでふれたようなギャンブルをするのは悪いことではありませんが、使う金額は、くれぐれも「楽しみを提供してくれた料金」だと納得できる程度にとどめておきましょう。ギャンブルで長期的にお金を増やしていくことはほぼほぼ不可能で、ほとんどがお金を使い続けるだけだと考えてください。

Let's Challenge!

保護者のかたに、ギャンブルについての考え方を聞いてみよう！

5　経済と投資は、関係はあるがあくまでも「別物」

①経済の勢いと株価の伸びが一致しないことはよくある

　投資を少しでもかじっている人ならよく知っていることですが、もう

10年以上の間、米国の株式は調子よく株価が上がってきました。2022年になってから、どうも調子がよくありませんが……。

　これに対して、日本の株式は米国株ほどには株価が上がっていません（2022年10月現在）。なかには株価がものすごく上がっている企業もありますが、全体の平均で比べると、米国にだいぶ差をつけられています。その理由として、少子高齢化が進んでいることに加えて古くさい企業がいばっているので、日本の経済は米国に比べて勢いがなく劣っているからだ、という説明をされることがよくあります。

　実をいうと、この説明はまちがっています。**経済と株式投資は影響しあっている部分はありますが、同じではありません。**

　まず、そもそも経済とは何でしょうか。

　一般的には、国内で作り出したモノやサービスの価値（付加価値といいます）の合計金額が年々順調に増えているかどうかで、その国の経済のよしあしを計ります。この金額の中には企業があげる利益も含まれていますから、経済が伸びている国の企業のほうがもうかりやすく、だから株価も高くなるんだと考えてしまう気持ちもわかります。

　とはいっても、世界の株式市場を見れば、経済が急な勢いで伸びている国の株価が、そうでない国の株価よりさえない例はいくらでもあります。さらに日本と米国では、適切な指標をみると、経済成長にそもそも大して差がありません。

　米国スゴイ日本ダメという話は、米国経済のごく一部、異常にキラキラしているところだけをとらえて、全体を説明できたような気になっているだけです。

［第3章］　お金を「ふやす」ってどういうこと？

②株価は「投資家の心理」に大きく左右される

　経済が伸びているほうが企業がもうかるというのが本当なら、なぜそれが株式投資と直結しないのでしょうか。それは、株価の動きには企業の利益のほかに、「投資家の心理」が強くかかわっているからです。

　読者のみなさんは、たとえばお年玉のような臨時の収入があった時に、つい気が大きくなってふだんよりお金をたくさん使ってしまったことがあるでしょう。世の中や自分の周りでブームが起こった時に、それに乗ってお金を使ったこともあると思います。株式投資をする人（投資家）の心理も、これとまったく同じです。

　2010年代には米国株のブームが起き、あまりさえなかった日本株に比べて、米国株の株価はぐんぐん上昇していきました。ところが、実は2010年代の日本企業と米国企業の利益の伸び率はほとんど変わらなかったのです。企業のもうける力は同じように成長したのに、投資家は米国株ばかりに殺到しました。買いたい人と売りたい人の間で取引が成立した時の値段が株価なので、投資家がどんどん株を買おうとすると、企業利益の大きい小さいとは関係なく、株価はどんどん上がってしまうのです。

　企業の調子を見て投資をする人もいるので、経済と投資がまったく関係ないわけではありません。それでも、決して同じではないということがわかってもらえたでしょうか？

③経済は足が遅く、投資は早い

　経済と投資が同じではないとはいっても、特大の経済ショック（悪い出来事）が起きれば、さすがに株式市場も暴落することがあります。

2008年に米国で起こり、世界の経済と株式市場を巻き込んだリーマンショックがそうです。

　米国の大手銀行や証券会社が次々と破産した結果、その余波で世界中の経済がどん底に突き落とされました。世界各国の株価も、およそ1年半をかけて半分以下になってしまいました。このように、経済が極端に崩壊してしまうと株式投資も大きな打撃を受けます。

　ここで1つ、大事なことがあります。政府や中央銀行は人々の生活や雇用（仕事）を守るための対策を行ない、経済を復活させようと努力します。この時、**経済よりも株式市場のほうに対策の効き目が早くまわり、先に立ち直るということです。**

　経済が壊れてしまうと、仕事を失う人が出ます。仕事がなくなった人は、何とか生活していかなければいけないので他の仕事を探したり、そのために引っ越したりすることがあります。お客が来なくなったお店は、店じまいをして在庫や店の備品を売ってしまいます。ここで、政府の対策が効いて経済が復活を始めても、一度失われてしまった働き手や施設がすぐ元通りになるわけではありません。いったん動きが止まった経済を再起動して、勢いに乗せていくには、それなりの時間がかかります。

　一方、株式投資はどうでしょうか。中央銀行の対策によってお金が借りやすくなれば、投資家はお金を借りてガンガン株を買います。1回のクリックでいくらでもお金を動かすことができる投資は、経済に比べて復活のスピードがずいぶん早いのです。

　リーマンショックの時には、米国の失業率が経済ショック前の低さに戻るまで10年近くかかりました。これに対して、米国株は、5年半でショック前の高値に戻りました。結局、リーマンショックのどん底から

世界の株価は約11年で4倍になりましたが、世界の経済は同じ期間に4割程度成長しただけです。

　ここまでの経済と投資の関係を私たちの投資に活かすとしたら、どう考えたらよいでしょうか。

　株価は投資家の心理に左右され、短い期間で大きく動くという特徴を利用するなら、他の投資家の心理を読んで、すばやく売買をすればもうけられるかもしれません。ただし、他の投資家に裏をかかれれば、あなたが負ける側になってしまいます。

　経済とは関係ないので投資の行く先は読めない、長期でお金が増えればいいと考える人は、コツコツと積み立て投資をしていくのがよいでしょう。余裕があれば、経済ショックで株価が大きく下がった時に追加で買うと、より投資成績が良くなるでしょう。

Let's Challenge!

短い期間の投資と長期の投資で、自分はどちらに向いているか考えてみよう！

6 増やすお金にかかる税金： 配当課税、譲渡益課税、計算方法

①投資の利益には税金がかかる

　株式や投資信託に投資して増えたお金には税金がかかります。もうかったお金の一部を、国や都道府県・市町村に支払う必要があるのです。だいたいの場合では、投資をする時に利用している証券会社などの金融機関が税金の支払いを代わりに行なってくれるので、特にめん

どうなことはありません。

とはいえ、税金がどれくらいかかるのかを知っておくのは大事なことです。自分の大事なお金を投じてもうけた利益から、どれだけ多くの税金が差し引かれているのかを知ると、第5章で出てくる、税金を差し引かれない節税口座を使う大事さがよくわかるからです。

②配当金・分配金にかかる税金

証券会社に口座を開いて株式を買い、そのまま持っていると、一定の間隔（多くは年に2回）で株式を持っている企業が、証券口座にお金を入金してくれます。少し前に説明した「配当金」です。

配当金は、事業資金を提供してくれている株主に対して、企業がその見返りとして支払うものです。中には配当金を支払わず、この後で説明する株価の値上がり益で株主に恩返しをするという会社もあります。それでもやっぱり、配当金をもらえるのはうれしいものです。

現在、投資をして得られた利益には、20.315％の税金がかかります。このうち15.315％は、国に対して支払う所得税と復興特別所得税を合計した成立です。残りの5％は住民税で、住んでいる都道府県や市町村に入ります。これらの税金は配当金にもかかります。

例として、1株当たり75円の配当を支払う企業の株式を、1,000株持っていたとします。この場合に支払う税金の計算式は、次の通りです。

$$75（円）×1,000（株）×20.315（％）÷100 = 15,236.25（円）$$

企業から支払われる本来の配当金は7万5,000円ですが、そのうち1万5,236円（小数点以下切り捨て）を税金として差し引かれるので、実

際に証券口座に入金されるのは5万9,764円となります。結構引かれると思いませんか？

　投資信託を持っていると、分配金が出ることがあります。運用している資産を部分的に現金化して払い出すものです。株式の配当金と似ており、税金の計算方法も同じです。ただし、税金はあくまでも利益にかかるものなので、投資信託の価格（基準価額）が下がって利益が出ていない場合には、税金は引かれません。

③譲渡益にかかる税金

　株式や投資信託を売った時に、買ったときの価格より高ければ利益が出ます。この利益を「譲渡益」と言い、配当金と同じように税金がかかります。

　たとえば、株価が2,000円の株式を100株買い、株価が2,500円になったところで売った場合、税金はいくらになるでしょうか。

$$(2,500-2,000（円）) \times 100（株）\times 20.315（\%）\div 100＝10,157.5（円）$$

　本来は5万円の譲渡益が出ていますが、そのうち1万157円（小数点以下切り捨て）を税金として差し引かれるので、実際に証券口座に入金されるのは3万9,843円となります。

　株式や投資信託を売って、損をした場合（譲渡損が出た場合）は、税金はかかりません。

第4章

実践！お金のふやし方

1 証券会社に口座を開こう！

①証券会社って何？　銀行とは違うの？

　株式や投資信託などに投資してお金をふやすには、まずそれらの商品を売ってくれる、証券会社に口座を開く必要があります。

　証券会社は、足を運べばそこに並んでいる商品が誰でも買える、コンビニのようなお店とは違います。事前に登録をしたお客さんにしか利用させてくれない、「会員制のお店」のようなものと思ってください。

　証券会社は、世の中のあらゆる投資商品を取り扱っている「業者」です。株式や債券、REIT、投資信託のほか、金や銀などの貴金属や、しくみが複雑な金融商品も売り買いすることができます。

　銀行に口座があれば投資はできるのでは？と思った、くわしい人がいるかもしれません。銀行でも少しは投資ができますが、証券会社とはいろいろと違いがあります。右の表に違いをまとめたので、見ておいてください。

　大まかにいえば、銀行は安全にお金を預けておけるところ、証券会社は投資でお金をふやすために利用するところだといえます。

　あとでくわしく説明しますが、世の中には詐欺（人をだますこと）のような金融商品がたくさんあります。証券会社は、金融商品取引法という法律に基づいて営業をしているのに加えて、ふだんから金融庁（金融機関全般を監督している国の機関）に厳しく見張られています。

できること	銀行	証券会社	備考
お金を預ける	○	○	証券会社は、預金ではないが安全に運用する「MRF」でお金を預かってくれる。
お金を借りる	○	×	証券会社はカードローンなどは扱わない。
住宅ローン・教育ローン	○	×	証券会社ではローン商品は扱わない。
株を買う	△〜×	○	系列の証券会社に取り次いでくれる銀行もあるが、基本的には×。
投資信託を買う	△	○	証券会社のほうが種類がだんぜん豊富。
貴金属を買う	×	○	証券会社のみの取り扱い。
為替取引	×	○	銀行では両替や外貨預金はあるが、為替（FX）取引はできない。
NISA	△	○	銀行のNISA口座では株や債券は購入できない。
つみたてNISA	△	○	証券会社のほうが投資信託の種類が豊富。

　　この本で紹介する証券会社を使って投資をするかぎり、詐欺のような金融商品を買わされることはありません。もちろん投資がうまくいかなければ損をすることはありますが、少なくともだまされる心配をする必要はないので、安心して取引することができます。

　もっとも、この本を読んで投資を始めてみようと思っている人は、証券会社で取り扱っている金融商品のほとんどは、しばらくの間は関係ありません。この本では、初心者にもできる、単純でうまくいく可能性が高い投資の方法を厳選して、わかりやすく紹介していきます。

②おすすめ証券会社は「たった2つ」!

　検索サイトで「証券会社　比較」というワードで検索してみると、世の中には証券会社がたくさんあることがわかります。会社によって扱っている商品や利用するときに取られる手数料などの違いがあるので、証券会社選びはとても大事です。

　細かい特徴をいろいろ考えだすと選べなくなってしまうので、この本では思い切って、おすすめ証券会社を2社に絞り込みました。初心者が使ううえで大事な、下の5つの点がこの2社はとても優秀で、使いやすいのです。

---

　①手数料が低い。株式の取引手数料が低く、投資信託の購入手
　　数料は無料。
　②投資信託や外国株の取扱数が多い。
　③NISAやつみたてNISA、iDeCoも申し込むことができる。
　④貴金属や先物、為替取引など投資上級者向けの取引もできる。
　⑤ふだんの生活でよく使う「ポイント」と連携している。

　この中で、実は他の証券会社と一番差がつきやすいのは⑤です。①〜④までは、大手ネット証券とよばれる証券会社であれば、外国株の取り扱い以外ではどの会社でも大きな差はありません。

　外国株や海外ETF（外国の株式市場で取引されている投資信託の一種）をたくさん取り扱っていて、さらにふだんの生活でよく使うポイントをためられたり、逆にポイントを使って投資できたりする「超便

利」な証券会社は、次の2社です。初心者〜中級者くらいまでの投資ならどちらでも同じようにできるので、自分の生活にあった方を選んで大丈夫です。

●SBI証券

口座開設数が880万口座を超えていて、日本国内で利用者がいちばん多い証券会社です。

株式の売買手数料は、1日の約定代金（売買金額の合計）が100万円までであれば無料。投資信託の購入手数料も無料で、外国株や海外ETFもたくさんの種類を取り扱っています。スマホ用のアプリが用意されていて、ふだんパソコンを使っていない人でも利用しやすくなっています。

ポイントはTポイント・Pontaポイント・dポイントが利用できます。ふだんの生活でためたポイントも使って投資をしていけば、より効率よくお金をふやすことができるでしょう。

1株単位で株が買える「S株」は、楽天証券にはない便利なサービスです。

●楽天証券

口座開設数は800万口座を超え、伸び率ではSBI証券を上回る勢いの証券会社です。

株式の売買手数料は、1日の約定代金が100万円までであれば無料。投資信託の購入手数料も無料で、外国株や海外ETFも豊富に取り扱っています。スマホアプリ「iSPEED」が用意されているので、ふ

だんパソコンを使っていない人でも利用しやすくなっています。

　ポイントは楽天ポイントが利用できます。楽天カードや楽天Edy、楽天市場や楽天トラベルなど、さまざまなサービスで共通して使えるポイントを効率的にためられる点は、SBI証券にはないセールスポイントです。

③証券会社に口座を開く方法

　SBI証券と楽天証券で、口座の開き方に特別な違いはありません。どちらもスマホまたはパソコンから申し込む場合は、必要な書類がすべてそろっていて、撮影してデータで送ることができるなら最短1日で口座開設が完了してしまいます。

　必要な書類は、「本人確認書類」と「マイナンバー確認書類」です。それぞれの具体的な書類例を表にまとめました。

本人確認書類	運転免許証個人番号（マイナンバー）カード※通知カード不可
	健康保険証住民票の写し
	印鑑登録証明書
	パスポート
	在留カード/特別永住証明書
	住民基本台帳カード
マイナンバー確認書類	個人番号（マイナンバーカード）通知カード
	マイナンバーが記載された住民票の写し
	マイナンバーが記載された住民票記載事項証明書

　口座開設の時に、キャンペーンが行われている場合があります。口座開設に加えてアンケートに答えたり、いくらかの金額を入金したりすると数千円のお金がもらえる場合があり、とてもお得なので逃さないようにしましょう。「証券会社 口座開設 キャンペーン」といったワードで検索すると、キャンペーン情報をまとめたサイトがヒットします。サイ

トによってもらえる特典の内容が違うこともあるので、よく確認して有利なサイトから申し込みましょう。2022年11月現在の、有利なキャンペーンの例はこの通りです。

SBI証券	◎口座開設＋2万円以上の入金で、現金2500円とオリジナルレポートがもらえる ◎口座開設＋5万円以上の入金で現金4000円がもらえる
楽天証券	◎口座開設で現金1000円がもらえる ◎口座開設後、期間中に合計10,000円以上投資信託積立で現金1,000円または1,500楽天ポイントがもらえる

2 株式長期投資のコツ

65ページで、株式の長期投資は短期売買やギャンブルよりもうかりやすいプラスサムゲームだというお話をしました。ここからは、実際に長期投資をする時にぜひ知っていてほしいことを、まとめてお伝えしていきます。

株式の長期投資には、ぜひとも守ってほしい「3つのコツ」があります。

◎分散投資をすること
◎配当を再投資すること
◎できるだけ売買しないこと

①分散投資

　分散投資とは、お金を1つの投資商品に集中させず、複数の商品に投資することです。株式以外に、債券やREITなどに投資することも分散投資ですが、ここでは複数の株式に投資することについて説明します。

　1つの銘柄に集中投資をすると、その企業の事業がうまく行くかどうかによって、お金が激しく増減してしまいます。

　たとえば、ある街だけで営業をしている飲食チェーンの株式に投資すると考えてみましょう。もしその街を大地震が襲ったら、飲食チェーンの株価は間違いなく大暴落しますし、会社が倒産して投資したお金がゼロになってしまうかもしれません。

　投資をする金額にもよりますが、少なくとも、さまざまな業種（企業が行っている事業の種類）の10銘柄以上に分散投資をしてください。20銘柄に同じ金額ずつ分散投資をしておけば、1つの企業がつぶれたとしても、5％（20分の1）の損で済みます。

　このことを、投資の有名な格言で「すべての卵を1つのかごに盛るな」と言います。かごを分けておけば、1つのかごを落として卵が割れてしまっても、残りのかごに入っている卵は安全だというたとえです。

　投資金額が少なかったり、積み立て投資をしたりする場合は投資信託を利用しましょう。

 Let's Challenge!

分散投資が必要な理由を、保護者のかたと一緒におさらいしてみよう!

②配当の再投資

　株式を買うと、多くの場合、年に2回（米国株の場合は4回）配当をもらえます。日本の上場企業で、配当を出さない銘柄は全体の2割もありません。

　米国の有名な金融経済学者ジェレミー・シーゲルは、配当は「下落相場ではブレーキになり、上昇相場ではアクセルとなる」と言っています。

　全体的に株価が下がっていく不安な時期でも、配当が出ると少しほっとして、投資を続けやすくなります。そして、株が安くなってもがまんをして保有を続け、支払われた配当でその株を買う「再投資」を続けていくと、株数が増えるので上昇相場に切り替わった時に勢いよく増えていくわけです。配当のブレーキとアクセルのはたらきは、こんなふうに役立ちます。

　実例を見てみましょう。過去20年、日本株式全体に投資したとして、配当を使ってしまった場合と再投資した場合の結果を調べました。

	配当を使った	配当を再投資
20年の投資結果	22,230円	28,031円
40年の投資結果（試算）	49,892円	78,911円
年率リターン	4.1%	5.3%

　2002年11月5日から20年、日本株式の値動きを示す「TOPIX」に連動する投資信託に1万円を投資した場合の運用結果が、上の表です。配当を使ってしまった場合の投資結果は、配当再投資した場合より5,801円も少なかったのです。

この結果をさらに、40年間の投資期間に延長して計算してみると、その差は29019円に広がりました。25歳から65歳まで投資をしたら、配当を使ってしまった場合と再投資をした場合とで、このくらいの差がついてしまうということです。

　配当が証券口座に振り込まれたときに、引き出しておこづかい感覚で使ってしまっては損をするということが、わかってもらえたでしょうか？

Let's Challenge!
どうして配当を使わず再投資をした方がよいのか、保護者のかたと一緒におさらいしてみよう！

③できるだけ売買しないこと

　62ページで、「安く買って高く売るのはむずかしい」ことをお伝えしました。過去の株式市場や証券口座のデータからも、株式投資では、安値・高値を確実に見抜ける人でなければ、売買をできるだけ少なくした方が運用成績がよいことがわかっています。

　米国の著名投資会社JPモルガン・アセットの調査結果です。**1988年1月から、米国株を代表するS&P 500指数に連動する商品に30年間投資した場合、投じたお金は約22倍に増えました。**

　ここで、投資タイミングをうまくとろうとして失敗するとどうなったでしょうか。30年のうち、1日の上昇幅がもっとも大きかった3日間に投資しなかっただけで、30年の投資成績は約17倍に下がってしまいます。投資した10万円が、30年配当再投資を続ければ220万円になっていたのに、欲をかいたばかりに170万円にしかならなかったら、悲しくありませんか？

また別の調査結果があります。

米国の証券会社フィデリティが、顧客の口座の中で、特に運用成績が良かったのはどんな口座だったのかを調べたそうです。すると一番成績が良かったのは、なんと「すでに死んだ人の口座」でした。さらに、２番目に成績の良かった口座は、持ち主が投資したことを完全に忘れていました。このように、買ったら売らないことのパワーは大変なものです。

たとえばこどもの教育費や住宅ローンの頭金など、確実に取っておきたいまとまったお金がある場合に、一時的に売って現金化するのは悪くありません。投資はあくまでも自分の都合のためにすることだからです。

ただし、漠然ともうけたいという気持ちで欲をかいて売買をすると、うまくいかなかったときのマイナスは思うよりずっと大きいということは、ぜひ知っておいてください。

3 　長期投資をする時に知っておきたいこと①
株式には「グループ分け」がある

ここからは、実際に長期投資を始める前に、ぜひ知っておきたい「きほんの『き』」についてお伝えしていきます。まず最初に、株式の「グループ分け」についてみていきましょう。

日本だけで約4,000銘柄、米国に上場している銘柄を含めると7,000以上の銘柄に投資することができます。このうち、ある共通の特

徴を持っていて、似たような値動きをする銘柄をまとめて「●●株」と
いうふうに呼び、グループ分けをすることがあります。経済の状況に
よって得意・不得意な時期があったり、長期的な運用成績に違いが
あったりするので、知っておくと役に立つでしょう。

　ここでは、よく使われる3つのグループ分けを紹介します。

①優等生を集めた「優良株（高クオリティ株）」

　意味をそのままとると「すぐれた株」ということになりますが、一般
的な言葉でいえば、「優等生」の意味に近いグループ分けです。

　投資の世界では、次のような特徴を持っている銘柄を優良株と呼
びます。

> ◎利益を上げる力が大きい
> ◎借金が少ない
> ◎景気が悪い年でも利益が大きく減らない

　少ない社員数や設備でもしっかり利益を上げることができ、しかも
借金が少ないのでつぶれにくい。景気が良くても悪くても、着実に毎
年利益を上げていく、そんな企業が優良株です。日本なら電話サービ
スのNTTやKDDI、損害保険最大手の東京海上ホールディングスなど
がその代表格です。米国なら医薬品のジョンソンエンドジョンソンや、
iPhoneを生産しているアップル、ビジネスツールの覇者マイクロソフト
など、優良株はたくさんあります。米国では優良株のことを高クオリ
ティ（高品質）株と呼んでいます。

　優良株は、その優等生のような性質から、景気が悪くなりそうなときに資金が集まりやすい特徴があります。利益を上げる力がまだ小さく借金の多い成長中の企業や、利益が大きく上下する不安定な企業に投資されていた資金が、優良株に避難してくるのです。その代わり、投資ブームでどんどん株が上がっていく時期には、優等生から、今は頼りなくても将来の成長が期待できる企業に資金が移り、優良株はあまり大きく上昇しません。

　それでも米国の株式市場を対象とする研究では、優良株は長い投資期間では株式市場の平均を上回るという結果が多く出ています。購入したら忘れてしまうくらいに安心して長く持つには、最高のグループです。

●優良株に投資する方法

①「利益を上げる力が大きい」「借金が少ない」「景気が悪い年でも利益が大きく減らない」銘柄を自分で探し出す

②日本の優良株に投資できる投資信託「eMAXIS JAPANクオリティ150インデックス」（三菱UFJ国際投信）

③世界の優良株に投資できる海外ETF

　　「ウィズダムツリー 米国株クオリティ配当成長ファンド（DGRW）」

　　「インベスコ S&P世界先進国クオリティ ETF（IDHQ）」

　　「ウィズダムツリー 新興国株クオリティ配当成長ファンド（DGRE）」

Let's Challenge!

 優良株に当てはまりそうな銘柄を、保護者のかたと一緒に考えてみよう！

②投資家が夢を見る「成長株」

　これから年々、売上高や利益を速いスピードで伸ばしていくと考えられる、成長力のある銘柄のことです。

　投資の世界では、次のような特徴を持っている銘柄が成長株と言われます。

◎売上高が勢いよく伸びている
◎利益が勢いよく伸びている
◎株価上昇の勢いが長く続いている

　売上高と一緒に利益も年々大きくなっており、それを見て新しい投資家が次々と資金を投入するので株価もどんどん上がっている、そんな銘柄が成長株です。売上高も利益も動く方向がプラスであればよいので、赤字が年々縮小している企業でも成長株に分類されます。

　日本なら、ゲーム機で世界に知られるソニーグループや任天堂、医師向けの情報サービスが絶好調のエムスリーなどがその代表格です。米国ならアップルやマイクロソフト、そしてネット通販大手のアマゾン、EV（電気自動車）で断トツトップのテスラなどが成長株にあたります。アップルやマイクロソフトが優良株でもあるように、複数のグループに所属する銘柄もあります。

　成長株は一攫千金を夢見る投資家が資金を投入するので、景気の上昇期〜ピークを過ぎたあたりまで好調が続く傾向があります。イケイケどんどんの雰囲気のなか、投資家がかつぎあげているおみこしが成長

株です。景気がピークに達して中央銀行（金利やお金の量を調節する国の機関）が金利を上げ始めると祭りばやしがやんで、成長株はだんだんと勢いを失っていきます。

　右の図は、米国の株式市場を代表するS&P 500指数に連動する商品（黒）と、米国の成長株を代表するNASDAQ-100指数に連動する商品（青）の成績をグラフ

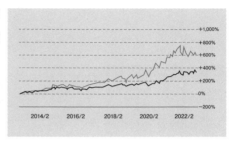

化したものです。どちらも円建ての成績です。

　2021年の年末まで成長株の祭りばやしが高らかに鳴り響き、成長株は2012年12月に比べて株価が8.4倍を超えていました。対する株式市場の平均は4.5倍です。十分にすばらしい成績ですが、成長株に比べるとだいぶ見劣りします。

　ところが投資家が金利上昇を心配し始めた2022年初頭から成長株の勢いは衰えはじめ、株式市場の平均との差がだいぶ縮まっています。成長株から資金が抜けていることが見て取れるでしょう。

　不景気が近づいてくると、投資家は成長の夢から完全に覚め、利益という現実をしっかり見せてくれる優良株に資金を移します。成長株の株価は地に落ちますが、その時期には次の世代をになうよちよち歩きの成長株が、投資家の資金というミルクを待ち望んでいます。

　誰も成長株に見向きもしないこの時期に投資できれば、時間はかかりますが、大きな投資利益が得られるかもしれません。たとえば今や知らない人はいないアマゾンですが、株価が106.69ドルから5.97ドルま

で下がり、94.4%のマイナスになったことがあります。それから約20年がたち、アマゾンの株価は最も安くなった時の600倍近くにまで上がりました。このように、うまくいったときの成長株投資の威力は大変なものですが、次の世代をアマゾンをいま見抜けるかというと、あまりにもむずかしいというのも確かです。

●成長株に投資する方法

①「売上高と利益が勢いよく伸びている」「株価上昇の勢いが長く続いている」銘柄を自分で探し出す

②日本の成長株に投資できる投資信託「SBI国内大小成長株ファンド」（SBIアセット）

③米国の成長株に投資できる投資信託「PayPay投信 NASDAQ100インデックス」（PayPay投信）

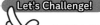

Let's Challenge!

成長株に当てはまりそうな銘柄を、保護者のかたと一緒に考えてみよう！

③高配当株、増配株

54ページで、株式とは配当をもらうための権利で、配当をもらえるから株式投資はもうかるというお話をしました。であれば、配当をたくさんもらえたり、配当が年々増加したりする「配当株」に投資すれば、より大きくもうかるのでは……と思いませんか？

さすがに話はそこまで単純ではありませんが、配当株への投資を好む投資家は多く、確かなメリットもあります。

投資の世界では、次のような特徴を持っている銘柄を配当株と言い

ます。配当株は大きく、「高配当株」と「増配株」に分かれます。

●高配当株

・1株当たりの配当額を株価で割り、100をかけて求める「配当利回り」（単位：％）が株式市場の平均より高い

●増配株

・1株当たりの配当額が長期間、年々増えている

　日本を代表する企業が上場している東証プライム市場の平均配当利回りは、2022年11月の時点で約2.4％です。そして、米国大企業の平均を示すS&P　500指数の配当利回りは1.7％です。これより配当利回りの高い銘柄が、日米それぞれの高配当株になります。

　高配当株は、成長株とちょうど反対の性質があります。

　成長株の多くは事業を成長させるために、投資家に配当を支払わず、事業を拡大するための投資につぎ込みます。高配当株はこの反対で、事業がすでに高成長期を終えて安定しているので、事業への投資はほどほどでよく、投資家に株主還元（事業の利益から支払う投資家へのお礼）を行う余裕があります。その手段の1つが、高配当なのです。

　このことを株価でみてみましょう。成長株は投資家の注目が集まると、株価が勢いよく急上昇します。先ほど紹介したアマゾンの例のように、株価が10倍、100倍になる夢を見ることができます。ただし、投資家の期待がはげ落ちれば株価は暴落します。

　この反対に、**高配当株の株価が短期間で10倍になるようなことは、まずありえません。その代わりに、事業が安定している高配当銘柄を持っていれば、毎年高配当を得て生活費の足しにすることができますし、配当を再投資**

していけば、着実に投資利益を大きくすることができます。特に成長株が墜落するような時期には、その比較で高配当株は光り輝きます。

　増配株は、高配当株と成長株の中間の性質を持っています。すでに成長株ともてはやされるような時期は過ぎているけれども、着実に事業が成長していて、利益も伸びているので株主還元を毎年増やすことができる企業です。先ほど紹介した優良株と増配株は重なっていることがあり、景気が悪くなっていく時期には両方を兼ね備えた銘柄には資金が集まりやすくなります。

　日本と米国で、増配記録のトップ銘柄はこの通りです。

日本	年数	米国	年数
花王	32	アメリカン・ステーツ・ウォーター	67
SPK	24	ドーバー	66
三菱HCキャピタル	23	ノースウェスト・ナチュラル	
小林製薬	22	ジェニュイン・パーツ	
ユー・エス・エス		プロクター・アンド・ギャンブル	
リコーリース		パーカー・ハニフィン	

　日本と米国のどちらも、しょっちゅうニュースになるような注目企業が出てきません。目立つのは、たとえば花王や小林製薬、プロクター・アンド・ギャンブル（P&G）のような、ふだんの生活で使うもの（洗剤や衛生用品）を取り扱う、景気に左右されない企業です。EVやブロックチェーン、メタバースといった（わからなくても大丈夫です）、注目を集める最先端のキラキラ企業とはほど遠い、私たちの日常生活を支える地味な企業が、10年前も10年後も変わらず利益をあげ、淡々と配当を増やしていくのです。

　高配当株や増配株は、投資ブームでどんどん株が上がっていく時期には株価があまり上昇しませんが、どちらも長期投資では株式市場の平均を上回るという調査結果があります。

　まして、**高配当株と増配株のどちらも、長期投資では株式市場の平均を上回るという研究結果があります。**ただし、高配当株には落とし穴があることも知っておきましょう。

　業績が悪くなったり、事業に致命的な影響を与える悪いニュースが出たりして株価が急落した企業が、見かけ上高配当株になっていることがあります。このような企業はいずれ配当が減る（減配）ので、高配当株ではなくなってしまいます。

　安定収益が見込める事業で、高配当が継続する銘柄と、やはり事業が安定成長しており増配継続が見込める銘柄は、長期投資に最適です。

●高配当株に投資する方法
①「事業が安定しており将来性も悪くない」「配当利回りが平均より高い」銘柄を自分で探し出す
②日本の高配当株に投資できるETF「iシェアーズ MSCI ジャパン高配当利回りETF」（ブラックロック・ジャパン）
③米国の高配当株に投資できる投資信託「SBI・V・米国高配当株式インデックス・ファンド」（SBIアセット）
●増配株に投資する方法
①「事業が安定成長している」「長期間増配を続けている」銘柄を自分で探し出す
②日本の増配株に投資できる投資信託「SMT 日本株配当貴族インデックス・オープン」（三井住友トラスト・アセット）
③米国の増配株に投資できる投資信託「Tracers S&P500配当貴族インデックス(米国株式)」（日興アセット）

Let's Challenge!

 高配当株、増配株にあてはまりそうな銘柄を、保護者のかたと一緒に考えてみよう！

4 長期投資をする時に知っておきたいこと②
世界の株式

SBI証券や楽天証券などの国内大手ネット証券では、日本だけでなく米国やアジアの株式にも投資できます。国内外合計で7,000社以上の株式を買えるほか、投資信託を通じて投資することもできます。保護者のかたの中には、ここ数年で米国株投資が大ブームになっていたことをご存じの方がいるかもしれませんね。

世界の株式は、国や地域ごとに知っておいた方がよい特徴があります。くわしく見ていきましょう。

①日本株

日本の株式市場には、REITを含めて約4,000社が上場しています。

そのほとんどが東京証券取引所（東証）に上場しています。東京証券取引所は、さらに3つの市場に分かれています。ちょっと複雑でわかりにくいので、それぞれの特徴を表にまとめました。

種類	銘柄数	特徴
プライム市場	約1,800社	世界の投資家から資金を集めることを目的に、日本経済を代表する企業が集まっている市場。「プライム上場」は大企業の証。
スタンダード市場	約1,400社	安定した商売を行っており、世界から大規模に資金を集める必要も「プライム上場」という見栄を張る必要もない企業が集まる市場。
グロース市場	約500社	株価の値動きが激しく投資リスクは大きいが、高い成長性を持つ企業が集まっている市場。株式投資ブームが来ると急上昇しやすい。

一般的に、日本の株式に投資する場合はプライム市場に上場している銘柄が選ばれることが多くなっています。大企業が多いので比較的投資リスク（株価の暴落や倒産が起こる可能性）が小さいのと、活

発に取引されているので売買がスムーズにいきやすいからです。取引が活発でないと、現金化したくても売れなかったりすることもあります。

　また、大もうけをねらう個人投資家は、グロース市場に上場している銘柄によく投資しています。会社の規模が小さいので、事業への追い風や投資ブームが来たときに、株価が急上昇しやすいのです。

　たとえば、2020年春以降のコロナ相場ではオンライン会議やネット通販など、接触をしないで仕事や生活をするためのサービスを提供する会社の株が大ブームになりました。当時の大スター銘柄の1つが、ネットショップをかんたんに開設・運営できるサービスを大ヒットさせたBASEです。

　2020年3月に株価は154.8円の安値をつけましたが、それから急上昇をはじめ10月には3,448円の最高値をつけました。たった7か月で株価が22倍になったのです。

　ただし、ブームが終わると株価は急落。2022年11月現在の株価は290円前後をうろうろしており、最高値から9割以上下がってしまいました。BASEの株に最高値で100万円投資した人は、今ではその価値が8万円ちょっとになっているという、恐ろしい話です。

　実は、一番注目してもらいたいのはスタンダード市場です。東証が今の形に落ち着く前に存在していた、東証2部市場とジャスダック市場に上場していた銘柄の多くが、スタンダード市場に移行しています。

　市場を平均で見ると、プライム市場とほぼ同じ銘柄で構成されていた東証1部市場や、グロース市場に近い東証マザーズに比べて、東証2部とジャスダックは長期間で高いリターン（運用成績）をあげていました。

　その理由は、東証1部や東証マザーズに上場していた株に比べて、

東証2部やジャスダックに上場していた株は活発に取引されていな
かったためです。業績がそこそこ良いのに見向きもされていなかった
銘柄が多かったので、その割安状態がときどき解消されることで、投
資家は高い利益を得ていたのです。

　いまでも投資家の売買や、投資信託（後で説明するインデックス
ファンドなど）の投資対象になっているプライム市場の銘柄は活発
に売買されていますし、グロース市場は大きな上下動を繰り返してい
ます。対して、スタンダード市場の銘柄に投資するファンドが出てくる
気配はなく、これからも放置プレイは続きそうです。ということは、ス
タンダード市場の銘柄はこれからも買い時が続いていくということに
なります。

　長期投資では、ぜひスタンダード市場の銘柄にも目を向けてほしい
と思います。

Let's Challenge!
プライム市場・スタンダード市場・グロース市場のうちどの市場の銘柄に
投資したいか、保護者のかたと話し合ってみよう！

②先進国株

　投資の世界では、株式市場がある国を大きく「先進国」と「新興
国」に分けています。日本のほか、米国やカナダ、欧州、イスラエル、
香港、シンガポール、オーストラリア、ニュージーランドなどが先進国と
されています。

　日本で投資をする時は、一般的に先進国を「日本」と「それ以外の
先進国」に分けて考えます。外国の経済や株は、日本ほど情報を集め

やすくないので、投資信託を使ってひとまとめで投資することが多いのです。

　ただし、日本以外の先進国の中でも、米国株はこの10年ほどで株価が大きく上がり、日本を含むほかの先進国よりずっと好調でした。ネット検索大手のグーグルやiPhoneを作っているアップル、ネット通販大手のアマゾンなど、世界最先端の企業が世界中の投資家から資金を引っ張り、コロナ相場でのネット系ベンチャー企業の大ブームもあり、米国株投資は日本でも大流行となったのです。

　右の図は、2018年11月～2022年11月の、日本株（黒）、日本以外の先進国株（青）、米国成長株（点線）の値動き（円建て）を

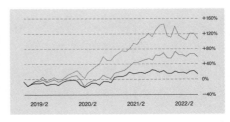

グラフ化したものです。日本株が4年で20％しか増えなかったのに対して、先進国株は約60％上昇し、米国成長株は2倍以上になっています。この時期に米国成長株に投資できた人は大もうけをして、若いうちに会社をやめる「FIRE」という動きがはやったほどです。

　ところが、2022年になると米国成長株は激しく値下がりし、先進国株と日本株の値動きもほとんど差がなくなっています。米国株ブームは完全に終わってしまいました。

　この先、米国株がこれまでと同じように値上がりしていくかどうかは専門家の間でも意見が割れています。あまり大きな期待をかけず、あくまでも分散投資の対象として特別視せずに取り扱ったほうが、大きな失敗もないでしょう。

YouTubeやインスタグラム、アマゾンプライム、ネットフリックスなど、世界的なネットサービスを独占する米国の株が今後どうなっていくか、保護者のかたに意見を聞いてみよう！

③新興国株

投資の世界では、先進国でない国を新興国と呼んでいます。その中でも特に存在感が大きいのは、中国・インド・台湾・韓国・ブラジルなどです。

新興国株は、2000年代に大ブームが来て株価が大きく上がりました。2009年の世界金融危機で暴落してからは、調子よく上がっていく米国株を横目に、新興国株は10年以上もさえないままです。2022年になっても、存在感がダントツの中国株が不調に沈んだままで、新興国株投資はまったく人気がありません。

でも、ちょっと待ってください。

少し前にお話しした、東証スタンダード市場のことを覚えているでしょうか。長く放置プレイをされていたおかげで株価の割安状態が長く続き、それがときどき解消されることでスタンダード市場の銘柄に投資した人は高い利益を得ていました。いまの新興国株は、スタンダード市場と立場が似ていないでしょうか？

昔から、株式市場では「人の行く裏に道あり花の山」と言われます。人が目をつけていないところに行かないと、お買い得な株は見つからないというたとえです。

経済や企業は先進国以上に成長しているのに、株価はさっぱり上がら

ない新興国株は、まさに山奥で花が咲き誇っているようなものです。人気がないからと言って毛嫌いせず、分散投資をする時には積極的に取り入れてみてください。

> **Let's Challenge!**
> それぞれの新興国の特徴を調べて、どの国が将来有望か、保護者のかたと話し合ってみよう！

④それぞれの国や地域に投資する方法

●日本株

　個別の銘柄に投資するほか、投資信託（ファンド）を使ってまとめて投資することができます。株式市場の値動きを代表する、よく知られた指数に「日経平均」と「TOPIX」の2つがあります。ネットニュースなどで「今日の日経平均は3万円を超えました」といった内容が書かれているのを見たことがあるでしょう。

　それぞれの指数に連動するファンドは、大手ネット証券で購入することができます。たった100円から、日本の株式市場を代表する225銘柄（日経平均）または3,000社以上（TOPIX）に分散投資をするのと同じ運用結果を得ることができるので、自分で銘柄を調べる手間が省けます。

　ファンドについては、この後でくわしく説明します。

●先進国株

　先進国株に分散投資するには、先進国株式全体の値動きを表す指数に

連動するファンドに投資するのが一番楽で、手数料も安く済みます。

　米国株はSBI証券や楽天証券などで約6,000銘柄を取引することができるので、好きな銘柄を選んで投資することができます。世界最先端の企業や、その反対に歴史の長い優良グローバル企業をピックアップして投資することが可能です。たとえばコカ・コーラやディズニー、マクドナルドなどの商品を、飲んだり見たり食べたりしていませんか？　このような企業に投資することは、よく知らない企業に投資するよりはるかに安心感があると思います。

　欧州やオーストラリアなどの株式も証券会社によっては買えますが、よほどくわしくない限り、個別の銘柄に投資する必要は特にないでしょう。

●新興国株

新興国株に分散投資するには、先進国と同じように、新興国株式全体の値動きを表す指数に連動するファンドに投資するのが一番楽で、手数料も安く済みます。

　中国株はSBI証券や楽天証券などで取引できますが、政治の動きが不透明で未来の中国経済がどうなるかがまったくわからないので、個別銘柄への投資はおすすめしません。マレーシアやシンガポールなど、東南アジア諸国の株式が買える証券会社もありますが、とにかく企業の情報が少ないので、よほど現地の事情や会社にくわしくない限り、個別の銘柄に投資する必要はありません。

5 長期投資をする時に知っておきたいこと③
投資信託、ETF

①株を買わずに株式投資ができる「投資信託（ファンド）」

　株式投資では「卵を1つのかごに盛るな」ということで、分散投資が大事だというお話をしました。

　自分で銘柄を探して、複数の銘柄を買って分散投資をしてもよいのですが、正直言って「メンドくさい」と思う人もいると思います。

　日本国内の3,000社以上の会社から投資する会社を選び出す手間と時間をかけることができるのは、よっぽどもうけたいという気持ちが強いか、投資を趣味として楽しんでいる人でしょう。仕事や勉強、家庭のきりもりなどをしながら、あまり手間をかけずにコツコツとお金をふやしていきたいという人には、負担が大きすぎるかもしれません。

　そんな人にピッタリな投資商品が「投資信託」です。「ファンド」とも呼ばれ、世界中で幅広く利用されています。運用会社が設定し、証券会社を通じて販売されています。

　国内の運用会社が参加する「投資信託協会」のウェブサイトでは、投資信託はこのように説明されています。とてもわかりやすいので、読んでみましょう。

「投資信託（ファンド）」とは、一言でいえば「投資家から集めたお金を
ひとつの大きな資金としてまとめ、運用の専門家が株式や債券などに投
資・運用する商品で、その運用成果が投資家それぞれの投資額に応じて
分配される仕組みの金融商品」です。
　「集めた資金をどのような対象に投資するか」は、投資信託ごとの運
用方針に基づき専門家が行います。
　投資信託の運用成績は市場環境などによって変動します。投資信託の
購入後に、投資信託の運用がうまくいって利益が得られることもあれば、
運用がうまくいかず投資した額を下回って、損をすることもあります。この
ように、投資信託の運用によって生じた損益は、それぞれの投資額に応じ
てすべて投資家に帰属します。
　つまり、投資信託は元本が保証されている金融商品ではありません。

　証券会社に口座を開くと、100円から好きなファンドを選んで買うこと
ができます。

　分散投資の力を利用したいと思うなら、日本株のファンドと一緒
に、先進国株・新興国株にも投資するファンドを買うとよいでしょう。
値動きをよりマイルドにして、なるべく心配せずに投資を続けていき
たい人は、債券やREITに投資するファンドを追加したり、あるいは株
式・債券・REITにまとめて投資できる「バランスファンド」（後で説明
します）を利用したりすることもできます。

　運用会社は、投資家から預かった資金を使って、事前に商品説明
で約束した方針の通りに、株や債券などを購入して運用します。運
用会社は毎日、ファンドのねだんにあたる「基準価額」を公表しま
す。毎日の運用で、ファンドが購入した株や債券の価格が上がれば

ファンドの基準価額も上がります。投資家がファンドを売るとき、購入した日の基準価額より高くなっていれば「もうけが出る」ことになり、低くなっていれば「損をする」ことになるので、基準価額は重要です。基準価額は1日1回、夜10時ごろまでに公表されます。投資家がファンドを売買できるのは1日1回で、〆切の時間までに注文を出しておくと、当日の基準価額で約定（購入・売却が成立すること）します。

運用方針にもよりますが、たとえば株式に投資するファンドなら、1つのファンドで少ないものでも20社くらい、多ければ世界中の9,000社以上の株式に分散投資をします。

運用の手数料として、高い商品では年間2％、低い商品では0.1％程度の手数料がかかります。1万円を投資した時の手数料が200円～10円くらいで、運用をまかせっきりにできると考えれば決して高くはないのではないでしょうか？

長期投資で着実にお金をふやしていきたい人は、ぜひファンドを利用してください。

Let's Challenge!
ファンドの手数料に、2％～0.1％の幅があるのはどうしてだと思いますか？あとで答え合わせがあるので、見る前に保護者のかたと一緒に考えてみよう！

② 「ETF」は株と同じように取引できるファンド

ファンドが売買できるのは1日1回だけですが、これを株式と同じ形式に変えて、取引所が開いている間はいつでも売買できるようにした

「ETF」という商品があります。

株式と同じなので、取引所が開いている平日の、昼休みを除く9時〜15時であれば何回でも売り買いができます。株式と同じように、その時その時の価格を見ながら取引できます。「信用取引」という、値動きをプラスにもマイナスにも大きくする取引（後のほうで説明します）も、ファンドではできませんがETFなら可能です。自信があるときに信用取引を使えば、ファンドに投資するより大きな利益を上げることができます。

ここまでは良いことずくめですが、ETFがファンドより使いにくい点もあります。

ファンドは100円から買えますが、ETFは1株単位の売買になるので、ファンドほど売買する量を細かく調整できません。積み立て投資にも使いにくいと言えます。ETFは年に4回、分配金（株の配当のようなもの）が必ず出て税金がとられます。ファンドは商品によって分配金が出ないものもあり、分配金が出ても自動再投資が選べます。ETFは自分で分配金を再投資する必要があるので放っておくことができず、価格によっては分配金をあまらせてしまうこともあるので、少し遊ばせておくお金ができてしまうかもしれません。

たとえば日経平均やTOPIX、先進国株、新興国株のように、決まった指数やグループに投資する場合に、ETFとファンドで同じ方針の商品があるなら、長期投資ならファンドを選んだ方が何かと便利です。どうしても投資したい分野（グループ）があり、ETFはあるけれどもファンドでは投資できない場合に限り、ETFを選んでもよいでしょう。

6 長期投資をする時に知っておきたいこと④
インデックス投資、アクティブ投資

①株式投資には2つの「流儀」がある

先ほど、ファンドの運用手数料（正式には「運用管理費用」または「信託報酬」といいます）の例として、2%と0.1%という2つの数字を出しました。どちらも小さな数字ではありますが、よく考えれば、2%は0.1%の20倍です。どうしてそんなに手数料に差があるんだ？と思った人がいるかもしれませんね。とってもするどい疑問です！

まず最初に言えることは、**手数料は運用がうまくいってもいかなくても、必ず引かれます。ということは、私たち投資家にとっては、そもそも手数料は低ければ低いほど有利なのです。**手数料が高くてもよい場合とは、手数料が高いファンドが、手数料の差以上に、運用成績で手数料の低いファンドを上回る時に限られます。

今度は手数料について、ファンドを提供する運用会社の側から見てみましょう。

たとえば、日本株に投資するファンドが2つあるとします。1つ目は決まったルールに従って運用されるファンドです。そのルールはコンピュータ上で動くアプリになっているので、運用をする人はコンピュータでアプリを動かすだけで、ほとんど仕事が完了します。そして2つ目は、常に株価が高くなった銘柄を売り、割安な銘柄に入れ替えながら良い成績を追求するファンドです。学歴が高く経験豊富な運用者がチームを組み、ルールに従って運用されるファンドを超えるために日々

努力しています。

　この2つのファンドで、どちらの方が高い手数料を取るべきだと思いますか？　もちろん、多くの運用者が頑張っている2つ目のファンドですよね。

　2つ目のファンドのような運用スタイルを「アクティブ投資」と言い、このようなファンドはアクティブファンドと呼ばれています。運用者がアクティブ（活動的）に、ルール運用を超えようと頑張る投資スタイルです。

　これに対して、1つ目のような運用スタイルを「インデックス（指数）投資」と呼んでいます。この本でもたびたび出てきた、日経平均やTOPIX、ナスダックなどの指数を英語でインデックスと言い、インデックスをかたちづくるルールに従って運用されるのがインデックスファンドです。

　アクティブとインデックスという、2つの投資の「流儀」は、長期投資でお金をふやしたいと思う人にはぜひ知っておいてもらいたい知識です。

②インデックス投資は「資産運用の大本命」

　日本株なら「日経平均」や「TOPIX」、米国株なら「S&P 500」などのインデックスが有名です。「先進国株」や「新興国株」など、地域でくくったインデックスもあり、それぞれに連動するインデックスファンドがあります。

　インデックスファンドには2つの大きな特徴があります。

　1つ目は先ほど少しふれましたが、運用手数料が低いことです。対象とする国や地域によって多少の差はありますが、手数料が一番安いイン

デックスファンドなら、**年間で0.1%〜0.2%の間に収まります。** たとえば全世界の株式に投資する「SBI・V・全世界株式インデックス・ファンド」の場合、運用手数料0.14%で、9,446社の株式に分散投資することができます。

たとえば少し額が大きくなりますが、100万円を10年間運用するとしましょう。運用手数料0.14%のインデックスファンドと、2%のアクティブファンドを比べてみます。どちらも運用がうまくいき、毎年の（手数料を差し引く前の）運用成績は同じく+6%でした。運用手数料は、毎年初日に差し引かれるとします。この対決の結果が、下の表です。

	インデックスファンド	アクティブファンド
運用手数料	0.14%	2.00%
投資金額	100万円	100万円
10年後の運用結果	176万5,933円	146万3,253円
差し引かれた手数料	1万8,325円	23万8,790円

10年間の運用で、アクティブファンドはインデックスファンドより22万円も多く手数料を取ります。これが響いて、インデックス投資とアクティブ投資で運用成績がまったく同じ6%だった場合、運用結果に30万2,860円もの差がつく計算です。コスト面だけみれば、投資家にとってインデックスファンドはアクティブファンドよりかなり有利な商品商品だといえます。

そして2つ目の特徴は、インデックスファンドは「平均的な成績」を

取る商品だということです。おおむねどの指数も、対象とする国や地域の株式市場に参加する投資家の中で、真ん中の成績をとるようにできています。

　株式市場は、実はとてもきびしい場所です。人よりもうけようと目を血走らせている投資家が集まり、少しでも得をしてやろうと思いながら取引しています。自分の思い通りに株を安く買えた投資家が、安く売った相手にざまあみろと思うような世界です。これはもののたとえで、本当は誰から株を買ったかがわかるわけではないので、せいぜいディスプレイの前でヨシ！とつぶやくくらいですが……。

　そんな株式市場で、毎年勝ち続けられる投資家はほとんどいません。昨年大もうけした投資家が翌年にはどん底に沈むのが当たり前の世界です。結果、ごく少数の本当にうまい投資家が大もうけをして、並かそれ以下の投資家はみな損をしているというのが株式市場の姿です。

　そこで、**毎年必ず真ん中の成績をとり続けるインデックスファンドは、時間がたつと自然に上位ランクへと上がっていきます。多くの投資家が得と損を繰り返しながら勝手に沈んでいくので、インデックスファンドに投資して放っておくだけで、上位2〜3割くらいの中に入ってしまうのです。**

　時間がたてばたつほど有利になるインデックス投資は、買ったら放置しておくだけなので、本当にやることがありません。仕事や勉強、家庭のきりもりなどの本業がある人が、何も考えず毎月積み立てインデックス投資をしていけば、平均以上のスピードで資産を築いていくことができます。これが、インデックス投資が「資産運用の大本命」と言われる理由なのです。

　最後に、おすすめのインデックスファンドをまとめておきます。

国・地域	ファンド名	運用手数料	運用会社
日本株	eMAXIS Slim 国内株式 (TOPIX)	0.154%	三菱UFJ国際投信
先進国株	eMAXIS Slim 先進国株式インデックス	0.102%	三菱UFJ国際投信
新興国株	楽天・新興国株式インデックス・ファンド	0.212%	楽天投信
全世界株	楽天・全世界株式インデックス・ファンド	0.199%	楽天投信
米国株	楽天・全米株式インデックス・ファンド	0.162%	楽天投信

> **Let's Challenge!**
> インデックス投資がなぜ有利なのか、保護者のかたと一緒におさらいして
> みよう！

③アクティブ投資は当たると大きい、投資の「だいご味」

　前もってお伝えしておくと、アクティブ投資はもう何年も、長い時間
をかけて着実に資産を作っていこうと思っている個人投資家の間では
すっかり人気がありません。インデックス投資の特徴・メリットとしてお
伝えしたことが、そのままアクティブ投資のデメリットになるからです。

　アクティブファンドの手数料は1～2％程度で、インデックスファンド
の10倍にもなります。運用者が一生懸命がんばっても、多くのアクティ
ブファンドがインデックスファンドに勝てません。S&Pダウ・ジョーンズ
社の調査によると、2012年～2021年の10年間で、インデックスファンド
の運用成績に勝ったアクティブファンドの割合は、日本株で約18％、
日本を除く世界株で約6％、米国株で約17％でした。

　そして最大の問題が、たとえば「10年後に」勝つアクティブファンド
を「いま」選ぶことは、未来がわかる人でない限り、確実にできるとは

言えないということです。6％〜17％しかない勝ち組ファンドを選べると、自信を持って言える人はどこにもいないでしょう。

　それでも、たとえばコロナ相場で大きく値を上げた米国のハイテク銘柄に投資したファンドのように、当たれば特大ホームランになるのがアクティブファンドのメリットであり、だいご味（味わい、楽しさ）です。一般的・統計的な調査とは別に、アクティブファンドに有利な時期を知っておくと資産形成の役に立ちます。

　理屈としては、インデックス投資以外の投資はすべてアクティブ投資となります。株主優待も含めて有利な投資になる銘柄を選んだり、超成長企業や高配当銘柄に重点的に資金を配分したりすることもアクティブ投資です。書店やブログ、SNSなどでいくらでも見られる「インデックス投資最強！」で話を終わらせていては、広大な投資の世界のごく一部を見たことにしかならない！というのがこの本の立場です。

④アクティブ投資は「専門分野」で考える

　個別銘柄やアクティブファンドを選ぶときに、いちばん手っ取り早く、そのうえ信頼性が高く頼りになるのが、あなたの「専門分野」です。

　社会人のかたなら自分が仕事をしている業界や、よく知っている取引先の事業などが専門分野に当たります。学生なら、たとえば自分が興味のあるスマホゲームや音楽、ファッションなどは、おじさんおばさんに比べたら断然くわしいでしょう。

　自分がよく知っている業界で、自分が実際に見聞きした商品のうち、「これはいずれ、絶対にブームになる！」と思うような商品があったら、販

売元について調べてみましょう。

こんな風に会社の調査を進めてみてはどうでしょうか。

---

1. 業界の規模や企業の実績を踏まえて、その商品がどのくらい売れて、売上げがどれくらいになるかを試算する
2. その売上げを足すと、売上高が前の年に比べてどのくらい伸びるかを計算する
3. 売上高が大きく伸びそうなら、「会社四季報」や「株探」で検索してみる
4. その商品についての記事が多くなければ、売上げ増が株価に反映されていない可能性が高いので、試しに少し株を買ってみる
5. 週1くらいのペースでその会社のニュースを追い、注目度と自分の確信が高まってきたら、さらに資金を追加する

私事ですが、一例を紹介します。

もともと節約好きだったため、ふだんの生活の買い物をするとき、週に1回まとめて近所のスーパーを買い回っていました。上場しているスーパーも含め毎週数店舗に通い、業界自体にも興味がわいたので知らない店を見かければ中に入ってみることを繰り返しながら、さまざまな企業の価格帯や品ぞろえ、得意分野などを頭に入れていきました。

その中で、特に価格と質の両面で優れていると感じたのが「業務スーパー」です。業務スーパーはオリジナル商品の冷凍・乾燥食材（特に野菜や海藻）や輸入食材（特にツナ缶）が安くて質が良かったのと、フランチャイズなので運営企業によって店の特色が出る点も魅力でした。私がよく利用していた店舗は、精肉業者が経営していたので肉が安く質もよかったのです。

業務スーパーを運営する神戸物産は上場していたので、2016年ごろからコツコツ買い進めていきました。強みが変わらない限りずっと持っているつもりだったのですが、コロナ相場での株価急上昇（1年で約2.8倍）を受けて、高値で売却することができたのです。

このように、自分が特に興味関心のある分野も含めて知識を蓄えていくと、必ず上場企業に行き当たります。仕事で関わる分野や、家族の話からヒントを得てもよいでしょう。こんな風に、気楽にアクティブ投資を楽しんでみてください。

Let's Challenge!

自分がよく知っている分野で投資に活かせそうな情報がないか、保護者のかたと話し合ってみよう！

⑤アクティブ投資は「成長」と「割安・高配当」で考える

そしてもう1つ、株式市場が時々「行き過ぎる」ことを活かした投資法についてお話しします。

88ページ以降で「成長株」と「高配当株」について説明しました。成長株は売上高や利益が勢いよく伸びているという特徴があり、高配当株は成長力が弱い代わりに、安定収益を株主に高配当として払い出している点が特徴です。

高配当株は、広い意味で株価が「割安」ととらえることもできます。配当が出ていても、株価が高ければ高配当株にはなりません。配当をしっかり出せているのに、投資家にあまり注目されず株価が割安なので、高配当株になっているのです。

この2つのグループは、株式市場の中で両極端に位置します。

成長株の調子が良い時期には割安株（高配当株）はあまり上がらず、成長株が墜落すると割安株に資金が流れ込みます。歴史上、どちらかが勝ち続けることはなく、強弱が大時計の振り子のように入れ替わってきました。

　特に成長株には、ブームになりやすいという大きな特徴があります。米国では1970年代前半、1990年代後半、そして2010年代後半に成長株ブームがありました。日本でもだいたい同じ時期にブームが来ました。

　ブームには必ず終わりが来ます。成長株に投資し続けた投資家は大損し、本人もそれを見ていた投資家も、当分成長株を買うのはやめようと強く心に刻み込みます。資金が割安株に流れ込み、成長株では高値から10分の1になる銘柄が珍しくありません。こうして、成長株が明らかに安くなりすぎる時がやってきます。

　実はこの時期から数年が、成長株を安値でどっさり買い込めるボーナスタイムです。安くなった成長株の中でも、つぶれる心配がない銘柄だけに絞って買っていけば、長期投資ならいずれ大きく伸びる時がやってきます。銘柄を選ぶのがめんどうなら、成長株に投資するファンドやETFをコツコツ買っていけばよいのです。

　反対に、成長株ブームの真っ最中こそ、割安株を安く買えるチャンスです。例をあげれば、長年人気のない「銀行株」は成長株ブームで買うとよいでしょう。三菱UFJフィナンシャル・グループや三井住友フィナンシャルグループは、着々とリストラや新規事業の開拓を進めつつ毎年利益をあげ、平均の倍以上の高配当を株主に支払ってくれます。それなのに、成長株ブームでいい気持ちになって

いる投資家にはまったく評価されず、株価は安いままなのです。こちらも銘柄を選ぶのがめんどうなら、割安株に投資するファンドやETFが使えます。

　2010年代後半から続いている成長株ブームは終わりが近づいていますが、まだ資金の流れは止まっていません。今回の成長株ブームは、米国株への投資という形で盛り上がっています。誰でも見られる、SBI証券の「投資信託販売金額人気ランキング」を見て、トップ10から米国株ファンドがなくなったころから成長株のボーナスタイムが始まります。そして反対に、米国株ファンドがトップ10の半分以上を占めているときは、割安株のボーナスタイムが来ています。

　それぞれのボーナスタイムに使える、「おすすめファンド」をまとめました。

	国・地域	ファンド名	運用手数料	運用会社
成長株	日本株	SBI 国内大小成長株ファンド	1.496%	SBIアセット
	世界株	ベイリー・ギフォード 世界長期成長株ファンド	1.645%	三菱UFJ国際投信
	米国株	アライアンス・バーンスタイン・米国成長株投信Bコース（為替ヘッジなし）	1.727%	アライアンス・バーンスタイン
割安株	日本株	大和住銀 DC国内株式ファンド	1.045%	三井住友DSアセット
	日本株	iシェアーズ MSCI ジャパン 高配当利回り ETF	0.209%	ブラックロック・ジャパン
	世界株	ハリス世界株ファンド（資産成長型）	1.650%	朝日ライフアセット

7 長期投資をする時に知っておきたいこと⑤
バランスファンド

　82ページで株式に投資する時の分散投資についてお話ししました。**株式への分散投資は、長期的に資金をふやすことができるプラスサムゲームですが、実は債券やREITについても同じことが言えます。**

　債券投資は、国債や優良企業の債券を選べば発行した時に約束された利息がもらえて、満期になれば投資した金額（元本）がそのまま返ってきます。利息の分だけもうかることが決まっている投資です。債券ファンドへの投資は厳密には少し違いますが、商品設計に合った期間持ち続けていれば、損をすることはあまりありません。一例ですが、「長期国債に投資するファンド」であれば、10年持ち続けていれば、だいたい買った時の国債利回りくらいはもうかります。

　REIT（不動産投資信託）は不動産賃貸専業の会社の株に投資するのとほぼ同じですから、長期投資であれば株式投資と同じように考えてかまいません。債券やREITも、株式ファンドのように、多くの銘柄に分散投資できるファンドがあります。

　そして、1本のファンドを購入するだけで株式ファンドや債券ファンド、REITファンドにまとめて分散投資できる商品があります。それが「バランスファンド」です。少しややこしいのですが、「複数のファンドを購入するファンド」と考えてください。

右の図で、点線は全
世界の株式とREITに
分散投資するファンドの
値動きを示します。黒線
が全世界の債券に分散
投資するファンド（為替

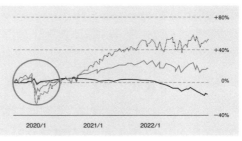

ヘッジあり）です。そして、青線が全世界の株式・REITと、全世界の
債券に均等に投資するバランスファンドです。バランスファンドがちょ
うど、株式・REITファンドと債券ファンドの中間を動いていることがわ
かるでしょう。

　グラフの左の方に、急角度で下落しているところ（丸囲み）があり
ます。新型コロナウイルスによる経済ショックで、世界の株式市場が
大暴落におそわれた時です。このときにも債券ファンドはほとんど下
落しなかったので、バランスファンドは株式ファンドに比べて下落幅
が半分で済みました。そこから2022年11月まで、株価が上昇していっ
た時期には、株式ファンドほどではありませんが、バランスファンドも
しっかり上昇しています。

　大暴落のダメージを軽くできることはとても大事です。投資をはじ
めて間がない人は、暴落を経験して投資に嫌気がさし、やめてしまう
ことが少なくありません。とはいえグラフでは債券ファンドが右肩下が
りなので、株式ファンドだけに投資した方がいいんじゃないか？と思う
人もいるでしょう。

　たまたまこの時期は調子が悪かったのですが、長期では債券ファン
ドも右肩上がりに上がっていきます。むしろ株式のほうが、大暴落に襲

われた後、10年くらい株価が回復しなかった例があるくらいです。債券を含めて分散投資をしておいた方が、誰にも予測できない不確実な未来においても、運用成績を着実にプラスにしていくことができます。

バランスファンドは、大暴落のダメージを軽くして、未来の運用成績がプラスになる可能性を高くしてくれる、とても便利な商品です。面倒くさがりで、何も考えず積み立て投資をして放置しておきたい人には、うってつけの商品だといえます。

おすすめのバランスファンドをまとめたので、参考にしてください。やってみたい投資が「安全重視」か、「ほどほどの利益」が得られればよいと考えるか、またはガッツリ「値上がり重視」で行きたいか、直感で選んでしまって大丈夫です。年齢や年収など、いろんな要素を考えながら選ぶ方法もあるのですが、実際のところ気持ちにそぐわない投資法は続けるとムリが出てくるので、感覚優先でかまいません。

1つだけ、「迷ったら積極的な方」を選んでください。初心者は安全策を選びがちなものですが、そのままでは運用をしていても資金が思ったようには増えません。資金が少ないうちに、初心者にとっては値動きが激しめの運用に慣れておいた方がいいので、「迷ったら積極策」をおすすめします。

投資の目的	ファンド名	運用手数料	運用会社
安全重視	楽天・インデックス・バランス・ファンド（債券重視型）	0.223%	楽天投信
ほどほどの利益	Smart-i 8資産バランス（安定成長型）	0.198%	りそなアセット
値上がり重視	ニッセイ・インデックスパッケージ（内外・株式／リート）	0.356%	ニッセイアセット

ちなみに、株式の個別銘柄に投資している人でも、ぜひ分散投資を心がけてください。債券ファンドやバランスファンドを購入したり、または定期預金など元本保証で利息がつく商品を利用したりして、資産全体で分散をしておくとよいでしょう。

　分散投資をしなくてよいのはよほどの大金持ちか、あるいは2019年までに新型コロナウイルスによる世界の大変化を予測できていたような予言者か、どちらかだけです。

Let's Challenge!

バランスファンドが放置できる理由を、保護者のかたと一緒におさらいしてみよう！

8　長期投資をする時に知っておきたいこと⑥
ロボアドバイザー

　スマホだけで申し込みが完結し、あとは申し込んだ人の立場や性格、目的に合わせておまかせで運用してくれるといううたい文句で、資金を集めているのがロボアドバイザーです。

　多くのロボアドバイザーでは、申し込むときにいくつかの質問を受けます。年齢や収入、持っている資産、毎月の投資金額、資産運用の目的、株価下落に対する考え方などです。この答えからお客をいくつかの運用パターンに振り分けて、預かった資産を運用していきます。

　答えるのがかんたんな質問に回答するだけで、あとはおまかせで投資ができるという手軽さが売りの商品です。「WealthNavi」

「SUSTEN」「FOLIO ROBO PRO」「THEO」などのロボアドバイザーが知られています。

ロボアドバイザーの運用は、世界中の株式や債券、REITなどに投資するETFを利用した分散投資です。中にはAIなどを使って、相場の値動きや経済の状況に合わせて、資産配分を調整してくれるものもあります。たとえば、経済の先行きが不透明な時には株式ETFを減らし、反対に経済が好調な時期には増やすといったぐあいです。

ここまで読み進めてきて、少し前に似たような商品の話を聞いたと思っている人がいるかもしれません。そうです、直前に紹介した「バランスファンド」と、ロボアドバイザーの運用はよく似ています。ロボアドバイザー最大手のWealthNaviと、おすすめバランスファンドの「Smart-i 8資産バランス（安定成長型）」の中身を比べてみましょう。

	WealthNavi	Smart-i
先進国株	38.5%	43.5%
新興国株	5.0%	6.2%
先進国債券	46.5%	37.9%
新興国債券	0.0%	3.1%
REIT	5.0%	9.3%
金	5.0%	0.0%
運用手数料	1.100%	0.198%

左はWealthNaviの5つの運用パターンの中で「リスク許容度2」にあたる資産配分です。質問に答えた結果、運用利益と損失が発生する可能性のバランスを取った配分です。右は、バランスファンドを選ぶ基準で「安全重視」でも「値上がり重視」でもなく、「ほどほどの利益」で十分という人におすすめのファンドです。

安全資産である債券の割合はWealthNaviが8.6％多いのと、株式とも債券とも値動きが重ならない「金」に投資しているので、少しマイルドな値動きになるでしょう。その分、多少利益が少なくなる可能性があります。どちらにしても運用結果に大差はつかない、よく似た資産配分です。

　ロボアドバイザーとバランスファンドで最も大きな違いは、運用手数料です。WealthNaviも含め、ロボアドバイザーの運用手数料はおよそ年間1.1％程度なのに対して、バランスファンドの手数料は約0.2％です。年間0.9％相当、運用成績で着実に上回っていかなければ、ロボアドバイザーはバランスファンドに勝てません。

　105ページでアクティブファンドとインデックスファンドを比較した時、一見わずかな手数料の差が、長期間ではかなり大きな経費の差となって効いてくることを説明しました。ロボアドバイザーとバランスファンドの関係も、これとまったく同じです。

　まったく投資をしないよりは、ロボアドバイザーを利用してでも投資をした方がよいとは言えます。しかし、この本を読んで投資を始めようと思っている人で、長期コツコツ投資を考えている人は、ぜひとも証券会社でファンドを購入してください。

Let's Challenge!
ロボアドバイザーのよい点と悪い点を、保護者のかたと一緒におさらいしてみよう！

9 長期投資をする時に知っておきたいこと⑦
積み立て投資

　42ページで「先取り貯蓄」のお話をしました。毎月の給料を使う前に先取りして貯金をしていけば、誰でも必ずお金が貯められるという貯蓄のテクニックです。

　長期投資では、貯蓄以上にこのテクニックを活用することが重要です。投資の場合は、資金が少しずつ積みあがりながら増えていくイメージなので、「先取り」ではなく「積み立て」投資と言います。たとえば毎月の給料日後に、決まった金額で投資信託を買い付けていくのが積み立て投資です。

　個別の株やREIT、債券を積み立ててももちろんよいのですが、銘柄によっては最低の投資金額が何万円にもなることがあるのが難点です。よほど高収入な人でない限り、積み立て投資には投資信託を使います。**積み立て投資が長期投資で大きな威力を発揮する理由は2つあります。**

　まず1つ目が、「含み損」をがまんしやすくなることです。

　長く投資を続けていくと、必ず、投資した金額が一時的にマイナスとなる「含み損」を抱える時期が来ます。長期で、さまざまな銘柄や資産に分散投資をしていても、必ず含み損を抱える時が来ます。

　ここで、これ以上損が大きくなっていく恐怖に負けて、投資をやめてしまったら終わりです。

　すべての資産や銘柄がいつまでも下がり続けていくことはなく、必

ず復活の時が来ます。この時、投資をやめてしまっていたら、ただ損をしただけの「負け犬」になってしまいます。大事なのは、含み損を気にせず、または歯を食いしばってがまんしてでも、投資を続けることです。

積み立て投資は、含み損を抱える時期をむしろ「楽しみ」に変えてしまう、ものすごい力があります。

たとえば毎月、決まった日にきまった金額で積み立て投資を続けていくと、投資信託の価格（基準価額）が上がっている時期には少ない数を買い、下がっている時期には多く買えることになります（右の図）。安くなった時に多く買っておくと、先々基準価額が上昇した時に大きくもうかります。

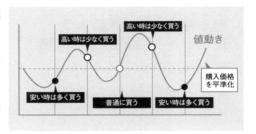

このことがわかっていると、景気が悪くなって株価が下がり、含み損を抱えても気持ちが下がりません。むしろ「将来への種まきによい時期だから、たくさん買えてありがたい」と思えるようになります。その結果、投資を長く続けられるようにもなるので、積み立て投資は一石二鳥なのです。

そして2つ目が、売買のタイミングで悩まないで済むことです。

手元にまとまったお金をためてから、株価が安いときに投資して、高くなった時に売ろうと考えたとしましょう。ところが、実際にその時が来て株や投資信託を買おうと思っても、うまくやれる人はなかなかいません。

損をしたくないという気持ちが強くなりすぎ、考えすぎていつまでも買えない人がいます。当たり前の話ですが、買わなければ利益を出すことはできません。

　そして反対に、世の中で株式投資が盛り上がっているときに、それにつられて考えなしに買ってしまう人も少なくありません。この場合は、どうしても高値で買ってしまうことになるので、よほど成長力のある銘柄でない限りは、勢いを失って思うように株価が上がっていかないことが多いのです。

　どちらにしても、着実に資産を作るにはよくない展開です。一番良いのは、景気が悪くなり株価が暴落して、世の中が沈み切っている時期を見計らって投資することですが、初心者のうちから暴落でウキウキになれる人はそうはいません。なので、結局は感情に左右されずに淡々と買っていく積み立て投資が、資産を着実に作っていく役に立つのです。

　積み立て投資が資産形成に役立つということは、国の機関である金融庁も認めています。

　140ページ以降でくわしく説明する「つみたてNISA」は、投資をして得られたもうけにかかる税金がかからないという、ものすごいメリットのある制度です。これは、積み立て投資で資産を作り、増えたお金で豊かに生活してほしいという金融庁の考えを実現したものです。

　積み立て投資の威力がわかってもらえたでしょうか？

　ちなみに、手元にお金がいっぱいあるお金持ちの人は、わざわざ資金を分けてちまちまと積み立て投資をする必要はありません。資産の分散、銘柄の分散をしっかり考えて、一度に投資してしまうのがもっとも有利です。

Let's Challenge!
積み立て投資のよい点と悪い点を、保護者のかたと一緒におさらいしてみよう！

10 長期投資をする時に知っておきたいこと⑧
株主優待投資

　個別の株式に投資する場合、銘柄によっては、会社から株主へお礼の品が送られてくることがあります。

　多くはその企業が製造・販売している商品で、たとえば味の素やキユーピーのような企業であれば、ドレッシングや調味料などの自社製品の詰め合わせがもらえます。個人投資家に喜ばれるような商品やサービスを扱っていない会社の場合は、クオカードを送られてくることも。このような、**株主が会社からもらえる商品を「株主優待」といい、優待に目を付けた投資は昔からとても人気があります。**

　株主優待投資のメリットはおもに3つあります。

　1つ目は、単純におトクなことです。

　会社から株主へのお礼として、年に2回支払われる配当があります。ふつう、配当額は株価の1〜2%程度であることが多く、3%を超えると高配当株と呼ばれることが多くなります。

　ところが、配当に株主優待を換金した金額を足して計算した「配当・株主優待利回り」を見ると、配当利回りだけ見ていてはまったく気づけない世界が広がっています。

　たとえば、全国で焼肉チェーンを展開している焼肉坂井ホールディングスは、株主優待として自社グループの店舗で利用できる商品券と割引券をセットで株主に贈っています。配当は出していませんが、株主優待だけで株価に対する利回りは14.7%にもなっていま

す（2022年11月現在）。1〜2％の配当とは比べ物にならないおトク
さです。投資情報サイト「MINKABU」では、配当＋株主優待利回
りをランキング形式で見ることができます。

　2つ目は、ふだんの生活で使うことができ、節約になるということです。

　味の素の株主優待は自社商品の詰め合わせです。保有する株
数によって変わりますが、最低の100株保有の場合は1500円相当
の賞品がもらえます。マヨネーズやアジシオ、コンソメスープ、クック
ドゥ、スティックコーヒーなど、ふだんの生活ですべて使えて、その
分は直接生活の節約になります。いろいろな食品メーカーの株主に
なっていれば普段の食事でかなりの節約ができますし、経済の調
子が良くなれば株価の上昇も期待できます。

　**そして3つ目が、株主優待なら気がねなく楽しめて生活が豊かにな
るという点です。**保護者のかたに「焼肉食べたい！」とねだっても、
そうしょっちゅうは連れて行ってくれないと思います。でも、株主優
待で届いた商品券があれば、よろこんで連れて行ってくれるでしょ
う。仕事でかせいだお金は節約の対象ですが、働かずに得られた
収入（不労所得と言います）は気前よく使ってしまうのが人間です。
あくまでも株価上昇が見込める銘柄であることを前提に、株主優
待もうれしい銘柄にコツコツ投資していけば、心おきなくプチぜい
たくが楽しめる生活を味わうことができるのです。

　株主優待がおトクで業績堅調な、人気銘柄を次頁の表にまとめ
ました。※情報は2022年11月11日現在

銘柄	最低取引価格	特徴
イオン	27万250円	持株数に応じて、半年ごとに買物金額の合計から3%〜7%キャッシュバックされる「オーナーズカード」がもらえる。さらに、1,000株以上を3年以上保有している株主には2000円〜10,000円のギフトカードを贈呈。系列の映画館や店舗などで割引を受けられる。
オリエンタルランド	196万5500円	東京ディズニーランドか東京ディズニーシーで利用できる1デーパスポートがもらえる。100株以上で1枚〜最大で12枚まで。
ロック・フィールド	14万5900円	持株数と保有年数に応じて、1000円〜32000円の商品券がもらえる。自社野菜・食品の工場見学と総菜の試食会への招待も受けられるが、抽選なので当たらないと行けない。
クリエイト・レストランツ・ホールディングス	9万2200円	持株数に応じて、4000円〜60000円の食事券がもらえる。さらに1年以上の長期保有者には、持株数に応じて4000円〜16000円の食事券が追加でもらえる。
日本ハム	36万3000円	持株数と保有年数に応じて、3000円〜20000円相当の自社商品がもらえる。
東京テアトル	11万1400円	持株数に応じて、系列の映画館で使える招待券が4枚〜48枚もらえる。さらに、系列の映画館や飲食店で使える割引証ももらえるほか、提携のホテルも割引で宿泊できる。
ビックカメラ	11万4300円	持株数と保有年数に応じて、3000円〜52000円の買物券がもらえる。

　株主優待投資には注意が必要な点もあります。

　まず、株主優待をもらえるのはうれしいものですが、株価が下がって損をするのはその何倍も悲しいことです。事業が安定していて業績が良い銘柄を選んでください。

最悪の場合、株主優待が廃止になる可能性もあります。優待目当ての投資家が多い銘柄の場合、優待廃止によって株価が暴落してダブルパンチを食うこともあります。株主優待はもらいっぱなしではなく、常に情報確認をさぼらないようにしてください。

Let's Challenge!
株主優待を目当てに投資してみたい銘柄を調べて、保護者のかたと話し合ってみよう！

11 長期投資をする時に知っておきたいこと⑨
REITとインフラファンド

　株式とは値動きの違う分散投資先として、REITとインフラファンドも人気があります。REITは個別銘柄に投資できるほか、国内・海外それぞれのREITに安い手数料で分散投資できるファンドもあります。インフラファンドはREITほど有名ではありませんが、投資するメリットがあるので知っておきましょう。

①REITは株式投資と組合せて好相性
　REITは「不動産投資信託」の略称です。不動産賃貸専業の会社（投資法人といいます）の株式にあたるもので、61銘柄が東京証券取引所に上場しています。投資家から集めた資金で投資法人はオフィスビルやマンション、倉庫といったいろんな不動産を買い、家賃収入や不動産売買の利益をあげます。そのほとんどが投資家に分配金（株式の配当に当たるもの）として支払われるので、REITには配当利回り

が高いという特徴があります。

　REITは株式との相性が良く、組み合わせて運用すると、利益を減らさず投資資金全体での変動がマイルドになることが知られています。

　右の図は、日本株とREITのインデックスファンドの値動きを描いたものです。黒色のREITインデックスファンドと、青色の日本株インデックス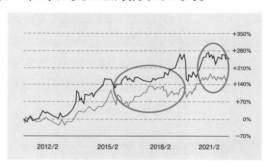ファンドが、丸で囲んだ箇所で反対に動いていることがわかると思います。この2つのファンドを組み合わせると、線はこの中間を動くので、上下動がゆるやかになるのです。

　この時期は株式よりもREITのほうが好調でしたが、過去の歴史を見ると、株式とREITで投資家が得てきた利益は大差なく、どちらも右肩上がりで上昇していく投資商品です。ぜひ、REITを分散投資に利用してください。

②インフラファンドは驚きの高利回り！

　インフラファンドとは、太陽光発電や風力発電、地熱発電などの「再生可能エネルギー」を発電する施設などに投資するファンドです。6銘柄が東京証券取引所に上場しており、インフラ（現状はすべて太陽光発電）があげた利益が投資法人を通じて、ほぼまるまる投資家に支払われます。投資する先が不動産か発電施設かという違いがある

だけで、REITとしくみは同じですが、インフラファンドはREITより
さらに分配金利回りが高い点が特徴です。インフラファンドの分配
金利回りを表にまとめました。高い配当利回りにびっくりすると思
います。

銘柄	価格	分配金 (配当) 利回り
ジャパン・インフラファンド投資法人	94000円	6.36%
東京インフラ・エネルギー投資法人	95500円	6.32%
エネクス・インフラ投資法人	95000円	6.32%
カナディアン・ソーラー・インフラ投資法人	126200円	5.94%
いちごグリーンインフラ投資法人	71600円	5.72%
タカラレーベン・インフラ投資法人	126000円	5.26%
J-REIT（平均）	―	3.71%
東証プライム（平均）	―	2.49%

　REITと同じように、インフラファンドも株式と反対に動く時期があ
り、分散投資で威力を発揮します。
　インフラファンドは現在、基本的には個別銘柄を買う必要がありま
す。投資するには最低でも7万円前後のお金が必要となってしまいま
すが、もう大手運用会社がインフラファンドに投資するファンドの運用
を開始しているので、近い将来には大手ネット証券で買えるようにな
る可能性があります。
　そうなれば、インフラファンドに資金が集まり、株価が上昇していく
未来が待っています。こちらもぜひ分散投資先として、チェックしてお

いてください。

第5章

超絶お得な節税口座
「NISA」と「iDeCo」

1 節税口座とはどんなもの？

72ページで投資利益にかかる税金についてお話ししました。株式やREITなどの配当金やファンドの分配金、そして株式やファンドなどを売って得た利益に対して、20.315%の税金が引かれてしまいます。

たとえば100万円で買った株が200万円で売れて、100万円の利益が出たとします。このとき、税金で20万3,150円引かれてしまうので、手元に残るのは179万6,850円になってしまいます。税金を払うのは国民の義務だとはいっても、こんなに取られてしまうのか！？と思っちゃいますよね。

税金をとるほうも、私たちのこの気持ちはもちろんよくわかっています。国はいま、これを逆手に取って、税金を取らない（非課税）口座を作って国民が投資をするように仕向けています。その優遇口座が、これから説明する「NISA」と「iDeCo」です。

NISA口座では、少なくとも2023年度内に開始した分までは、決められた年数の間に発生した株式やファンドなどの売却益や、配当金・分配金にかかる税金が非課税となります。個人投資家が自分で年金を作るためのiDeCo口座では、最長で75歳になるまでの運用期間に発生した売買利益や配当金・分配金にかかる税金が非課税となるほか、投資する資金（掛金）を多くすればするほど、ふだんもらっている給料にかかる税金も安くなります。

非課税で運用できると、実際にはどのくらい得になると思いますか？

配当や分配金にかかる税金のあるなしによって、運用結果がどの

くらい変わるかを計算してみました。下の表は、100万円を高配当株に投資して毎年5％の配当をもらい、再投資に回して10年間運用を続けた場合の結果です。株価に変化はなかったものとします。

	課税口座	非課税口座
配当（分配金）利回り	5.00%	5.00%
投資金額	100万円	100万円
税金	20.315%	0.000%
10年後の運用結果	147万8,004円	162万8,895円
差し引かれた税金	12万1,863円	0円

　非課税口座（iDeCo）では、10年間の運用結果が、課税口座に比べて15万891円多くなりました。この間、差し引かれた税金は12万1863円です。直接差し引かれた金額に加えて、再投資する配当から税金が引かれることによって、さらに運用成果が目減りしてしまうことがよくわかるでしょう。

　次は、高値で株やファンドを売った利益（譲渡益）にかかる税金のあるなしによって、運用結果がどのくらい変わるかの計算です。下の表は、100万円を分配金が出ないファンドで運用して、毎年6％のプラス運用を10年間続けた場合の結果です。

	課税口座	非課税口座
運用リターン	6.00%	6.00%
投資金額	100万円	100万円
税金	20.315%	0.000%
10年後の運用結果	163万187円	179万848円
差し引かれた税金	16万661円	0円

　非課税口座（NISA、iDeCo）では、10年間の運用結果である179万

848円をそのまま受け取ることができます。ところが、課税口座だと税金で16万661円も差し引かれてしまいます。ここまで利益が目減りさせてしまう税金がかからない特典があるなら、非課税口座を使って投資をしてみよう……と国民に思ってもらうための、NISAとiDeCoなのです。

国がこんなに有利な口座を作った背景には、もう20年以上にわたって人々の給料が下がっていることがあります。たとえば10年前の40歳の平均給料より、いまの40歳のほうが少

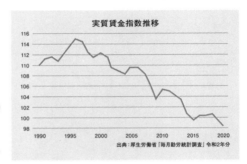

実質賃金指数推移

出典：厚生労働省「毎月勤労統計調査」令和2年分

ないということです。悲しすぎますよね。

給料が減り続けてしまうと日本経済の勢いが落ちて、税金も取れなくなり国を維持していくことがむずかしくなります。高齢者はどんどん増えているので、年金だけで生活できるほどの支給し続けることもできません。そこで、国は人々に投資をしてもらって、減った分の給料をうめあわせるなり、老後の資金を作るなりやってもらうことにしたのです。

NISA, iDeCoは人々のお金をふやすことに直接役立つ、とてもよくできた制度です。ぜひ積極的に使って、資産を効率よく作っていきましょう！

うまくいけば大きな利益が得られる「一般NISA」

①貯蓄から投資へ、そしてNISAとつみたてNISAへ

　昔から日本人は貯金が大好きで、それに加えて将来の備えは保険が大好きです。給料が上がり、銀行預金の金利も高かった時代ならそれで将来安泰だったのですが、今やそうはいきません。普通預金の金利は1997年からほぼゼロですし、満期になってかけたお金が大きく増えるような保険もほぼなくなりました。

　そして、繰り返しになりますが給料は前の世代より低く抑えられ、高齢化で将来の年金も、なくなりはしませんがそれだけで暮らしていけるような額にならないことはもう決まっています。

　同じく高齢化により人手不足が進む一方ですが、これから先は新興国の経済が発展していくので、外国人の方々があまり働きに来てくれなくなります。そうなると、たとえば飲食店や美容室、介護などの、人件費が経費の多くを占める「サービス価格」の上昇が止まらなくなります。いままでのようにコツコツ働いているだけでは、生活はじわじわと苦しくなり続けていくでしょう。

　こんなせつない、でも確度の高い未来像をふまえて、国は「貯蓄から投資へ」という掛け声のもと、NISAという強力な税優遇の制度を作りました。2014年の開始から8年がたち、かなり普及が進んでいます。2018年には長期的な資産形成に絞り込んだ「つみたてNISA」も作られ、若い世代にも関心を持つ人が増えてきました。

　NISAとつみたてNISAは、「配当・分配金」と、「売却して得た利

益」にかかる税金がかからないという最大の特徴は同じです。ただし
それ以外の違いによって、使い方や向いている人がまったく変わって
きます。一言で言うと、「確信をもって勝負をしたい」人はNISA（この
本では一般NISAと呼びます）、「なるべく考えずにコツコツ積み立て
たい」人にはつみたてNISAが向いています。これからくわしく、わか
りやすく説明していきます。

②一般NISAの特徴

　岸田総理の「資産所得倍増」というスローガンを受けて、NISAは
2024年から大幅にリニューアルされることになりました。

　一般NISAとつみたてNISAが併用できるように一本化され、生涯
の投資限度額は1,800万円に拡大される予定です。非課税期間は無
期限になるなど、かなり思い切った制度の拡大です。とはいえ制度開
始はまだ先なので、この本ではいま利用されている制度について説
明します。リニューアルがされても、先に始めた人が不利になる形に
なることはありえないので安心してください。政府の「貯蓄から投資
へ」という掛け声に乗って投資した人がバカを見るようなことになっ
ては、この先だれも政府のメッセージを信用してくれなくなってしま
うからです。

　**利用できる年齢は、成人年齢引き下げによって2023年から18歳以上
となります。口座を開設した年から5年間、毎年120万円を上限に投資が
できます。**購入金額の枠なので、運用の結果、その年に投資した金額
が120万円以上に増えても売る必要はありません。

一般NISA口座	
対象者	日本にお住まいの20歳以上の方（口座を開設する年の1月1日現在）※ 2023年1月1日以降は18歳以上の方
年間投資上限額	120万円
非課税となる期間	最長5年
対象商品	国内外の株式・ETF・REIT・投資信託など
非課税対象	対象商品にかかる配当金・分配金、売却益
投資方法	スポット購入・積立購入
口座開設期間	2028年開始分まで
金融機関変更	各年ごとに変更可能

　NISA口座で買える商品は、口座を開いた証券会社で扱っている国内外の株式やREIT、株式投資信託、国内外のETFです。株式投資信託というのは規則上の用語で、債券や貴金属などに投資するファンドも含みます。預貯金や個別の債券、貴金属などは、NISA口座で買うことはできません。基本的には、ファンドを含めて株式投資をガチりたい人を応援する制度だと思って間違いありません。

　投資方法の「スポット購入」とは、自分の判断で、好きな商品を好きな時に好きなだけ購入することです。購入する商品を決めておき、定期・定額購入する積立購入以外は、すべてスポット購入になります。

　ここまでみてきた一般NISAの特徴をふまえて、通常の証券口座（課税口座）と、つみたてNISAとの違いをまとめておきます。そのうえで、一般NISAの有利さをもっとも活かせる使い方を見ていきましょう。

一般NISA口座	
課税口座との違い	○配当金や分配金、売却益に税金がかからない
つみたてNISAとの違い	○国内外の株式とREIT、ETFが買える ○5年間、毎年120万円まで買える ○いつでも好きな商品を好きな金額で買える

　課税口座との違いは、非課税であるということです。高配当銘柄を買っても配当から税金が引かれず、株価が10倍、100倍になったとしても、売却益から税金を引かれることはありません。

　つみたてNISAとの違いは、ファンド以外の商品も買えることと、比較的短い投資期間に大金を投資できること、そしてその期間に投資目的を達成できるように、自分の判断でダイナミックに売買できることです。

　つまり一般NISAは、資金を大きく「増やす」ための運用をしたい人に向いたしくみと言えます。後でくわしく説明しますが、つみたてNISAは資金が「増えていくことを期待する」運用になる点が違います。

　一般NISAの細かい点については、「金融庁　一般NISAの概要」で検索してみてください。

③一般NISAでおすすめの運用方法４選

　ここでは、この本を読んでこれから投資を始めたいという人のために、4つの運用方法をおすすめします。ポイントは、これから5年の世界経済の予想です。景気に関係なく上がっていく株を見抜ける自信のある人は、これからお伝えすることはあまり関係ないかもしれませんが……。

　まず、経済の調子がこれから良くなる、または好景気が続くと思う人は、「成長株」に投資するとよいでしょう。88ページ以降の説明をもう一度

読み返してみてください。

　5年たっても景気がさらに上昇していくようなら、買った銘柄をそのまま持ち続けていてもよいのですが、経済の調子にかげりが出てきたら売ることも必要です。成長株への投資は、うまくいけば投資成績は一番よくなりますが、景気が悪い時期にムリして成長株に投資してもあまりうまくいきません。お金をふやしたい気持ちは少し抑えて、状況を冷静に判断しましょう。

　次に経済の調子が悪くなる、またはあまり景気が良くない時期が続くと思う人は、「高配当株・増配株」に投資するとよいでしょう。90ページ以降の説明をもう一度読み返してみてください。

　とくに、景気が悪くなっていく時期に投資する場合は、高配当と増配の両方を満たす銘柄がおすすめです。そのうえで、景気の悪化にあまり影響されない企業を選んでください。業種で言えば、「医薬品、医療用品・機械」「食品」「通信」「健康・衛生用品」「電力・ガス」などです。代表的な銘柄を表にまとめました。

医療関連	武田薬品工業、アステラス製薬、ジョンソンエンドジョンソン (米)
食品	日本水産、日本ハム、ペプシコ (米)
通信	KDDI、日本電信電話、ベライゾン (米)
健康・衛生	花王、資生堂、プロクター・アンド・ギャンブル (米)
電力・ガス	中部電力、大阪ガス、ネクステラ・エナジー (米)

　3つ目に、景気が良くなるか悪くなるか判断がつかないけど、20年もの長期でなく5年以内にお金をふやしたいという人は、バランスファンドを買いましょう。

　株式・REIT・債券にバランスよく配分されているファンドは、景気が良くなっても悪くなっても、大けがをすることはありません。117ページのおすすめバランスファンドを参考にしてください。ただし、バラン

スファンドは大きく下がりにくい代わりに、5年くらいの運用期間では大きくもうかることもありません。

　そして最後ですが、**そもそもこの先景気が悪くなると思う人は、投資を休むのも手です。**高配当株や増配株、またはバランスファンドに投資しても、景気が悪くなりすぎて5年の間に株式市場が復活しなければ損をします。一般NISAを利用する時期ではないかもしれない、という風に考えてほしいのです。

　この場合はすなおに5年間で資金を大きく増やすことをあきらめて、長い期間を見すえて、つみたてNISAでコツコツ投資を始めることをおすすめします。長期積み立て投資なら、不景気はむしろ安く買えるチャンスになるからです。

Let's Challenge!

一般NISAを利用するならどんな銘柄に投資してみたいか、保護者のかたと一緒に話し合ってみよう！

3　つみたてNISAは「長期投資の大本命」

①つみたてNISAは「失敗しない」投資ができる

　つみたてNISAは、配当や分配金、売却益に税金がかからないNISA口座の種類の1つです。一般NISAよりできることが少ないのですが、そのかわり、長期的にコツコツ資産を作っていたい人に役立つしかけがしてあります。

まずは、特徴から見ていきましょう。

一般NISA口座	
対象者	日本にお住まいの20歳以上の方（口座を開設する年の1月1日現在）※ 2023年1月1日以降は18歳以上の方
年間投資上限額	40万円
非課税となる期間	最長20年
対象商品	国が定めた基準を満たした投資信託
非課税対象	対象商品にかかる配当金・分配金、売却益
投資方法	積立購入
口座開設期間	2042年開始分まで
金融機関変更	各年ごとに変更可能

口座を開設した年から20年間、毎年40万円を上限に投資ができます。ただし、期間や投資限度額はあまり気にしなくてよいでしょう。2024年からは年120万円まで投資することが可能になる見込みです。

つみたてNISAの口座で買える商品は、国が定めた基準を満たすファンドの中から、口座を開いた証券会社が扱っているものです。それ以外のファンドや株式、ETF、REITなどは買えません。スポット購入もできません。毎日・毎週・毎月などあらかじめ決めたタイミングで、定額を積み立て購入していきます。

つみたてNISAの特徴を見てきましたが、一般NISAに比べて制限が多いと思った人がいると思います。実はこの不自由さは、なるべく多くの人につみたてNISAを利用してもらうための大事な「くふう」なのです。

一般NISAでは、上限金額と期間が決まってはいますが、買える商品は普通の証券口座と大きな違いはなく、売買も自由にできます。こ

のような自由な口座では、投資に関心や経験がある人は非課税の優遇を活かして前のめりで投資をします。もともと投資をしていた人たちですから、当たり前のことです。

　ところが、投資の経験がない人はそもそも何をしてよいかわからないので、非課税の優遇があるだけでは、そう多くの人が投資をしてくれません。

　給料の目減り分を投資で作ってほしいと考える政府は、一般NISAだけでは投資人口が増えないことを問題視しました。経験がない人が自由すぎる環境で困るなら、いっそのことやれることを決めてしまえば、最低限の知識で投資を始めてくれるだろう、という発想を実現させたのがつみたてNISAです。

　そして、この制限が「失敗しない投資」に直結しているのが、つみたてNISAのすごいところです。

　20年（2024年以降は無期限を予定）というとても長い期間は、株式投資をギャンブルにせず「プラスサムゲーム」にするには十分です。定期定額の積み立て投資をするようになっているのは、株価が下がることをむしろ楽しみながら、含み損を気にせず長く投資を続けてもらうためです。

　そして、つみたてNISAで購入できるファンドのほとんどは「インデックスファンド」です。「平均的な成績」を長く取り続けていくことで大けがせず、投資家の上位2〜3割の運用成績をとれる商品で、つみたてNISAでは運用手数料が特に低いファンドを厳選しています。この3つの合わせ技で、つみたてNISAは増やそうとジタバタ売買するのではなく、「増えていくことを期待」しながら淡々と続けられる、頼りがいのある制度になりました。

　自分に可能な金額で、投資したい資産や地域を保有するファンドの

積み立てを設定し、あとは放っておくだけで勝手に資産ができてしまいます。株式投資を趣味にしている人、どうしても投資で大もうけをしたい人以外は、ぜひつみたてNISAをフル活用してください。

　つみたてNISAの細かい点については、「つみたてNISA早わかりガイドブック」でネット検索してみてください。

Let's Challenge!
つみたてNISAが失敗しにくい理由を、保護者のかたと一緒におさらいしてみよう！

②つみたてNISAでは何を買えばいいの？

　この本で口座開設をおすすめしているSBI証券や楽天証券でつみたてNISA口座を作ると、180本以上のファンドを買うことができます。何を買ったらいいんだ？と迷う心配をする人がいるかもしれませんが、どれも国の基準を満たすファンドなので、同じ資産や地域に投資するファンドなら、どれを選んでも大差ありません。

　つみたてNISA口座では、株式、債券、REITなどに投資するファンドを購入できます。それぞれの資産の特徴は49ページ以降で説明した通りです。それをふまえて、**自分の投資の目的が「安全重視」「ほどほどの利益」「値上がり重視」のどれに当たるかを見きわめましょう。**

　それぞれの目的に対応するおすすめファンドを117ページに乗せてありますが、戻ってもらうのも面倒なのでもう一度載せておきます。

投資の目的	ファンド名	運用手数料	運用会社
安全重視	楽天・インデックス・バランス・ファンド （債券重視型）	0.223%	楽天投信
ほどほどの利益	Smart-I 8資産バランス （安定成長型）	0.198%	りそな アセット
値上がり重視	ニッセイ・インデックスパッケージ （内外・株式／リート）	0.356%	ニッセイ アセット

　20年もあれば、景気の山も谷も何度もめぐってきますし、地域によって調子の良し悪しも移り変わります。大けがしないようになっているつみたてNISAですから、少しは株式市場の風向きを見て、資産の配分を調整しても悪くはないでしょう。

　資産・地域ごとのおすすめファンドを下の表にまとめました。

分類	ファンド名	運用手数料	運用会社
日本株式	eMAXIS Slim 国内株式（TOPIX）	0.154%	三菱UFJ国際投信
先進国株式	eMAXIS Slim 先進国株式インデックス	0.102%	三菱UFJ国際投信
米国株式	楽天・全米株式インデックス・ ファンド	0.162%	楽天投信
新興国株式	eMAXIS Slim 新興国株式インデックス	0.187%	三菱UFJ国際投信
全世界株式	eMAXIS Slim 全世界株式（3地域均等型）	0.114%	三菱UFJ国際投信
アクティブ	大和住銀DC国内株式ファンド	1.045%	三井住友DSアセット
アクティブ	iFree新興国株式インデックス	0.374%	大和アセット

2つのアクティブファンドは、どちらも「割安株」に投資する商品です。

2022年のはじめから、米国を先頭にそれまで5年あまり続いた成長株ブームの勢いが落ち、株価が下がっています。株式市場の過去の歴史を見ると、成長株が一度ブームになってしまうと、必ず墜落してそれから10年ほどは低迷することが知られています。特に米国では成長株ブームがたびたび来て、そのつど米国の優良成長企業は世界を制覇するといわれてきましたが、その栄光には必ず終わりが来ました。

これからつみたてNISAを利用する人は、ちょうど成長株が墜落を始めたばかりの時期に投資を始めることになります。今はアップルやマイクロソフトなどの米国優良銘柄が衰えてほかの国の株が伸びてくるとは考えにくいですが、歴史に例外はありませんでした。

2021年までの米国株と同じように、2008年には中国をはじめとする新興国株の株価が大きく上昇し、誰もがその未来を疑っていませんでした。米国株はその8年前に終わった成長株ブームの破裂で傷を受け、さえない状態でした。その後、リーマンショックをきっかけに新興国株も墜落し、米国株に主役を譲ったのです。

これから数年は、近年もっともさえなかった「日本株」と「新興国株」、なかでもそれぞれの「割安株」がねらい目です。「大和住銀DC国内株式ファンド」は日本割安株、「iFree新興国株式インデックス」は新興国割安株に低い手数料で投資できる優秀なファンドです。

「歴史は繰り返す」という言葉にリアリティを感じる人は、アクティブファンドへの投資を考えてみてください。

③つみたてNISAは「売ってもいい」

**つみたてNISAは長期投資を前提とするしくみですが、もちろん購入した
ファンドをいつ売ってもかまいません。予定より早い時期でも、お金が必
要な事情ができたらさっさと売ってしまいましょう。**

10年くらいの運用期間が取れる資金作りであれば、つみたてNISA
を利用するとよいでしょう。たとえばローンを組んで車を買うと利息を
払う必要がありますが、つみたてNISAを使って計画的に車の購入資
金を作っておけば、自動車ローン金利を節約できます。住宅ローンの
頭金や、こどもの教育資金を作るときにもつみたてNISAを活用でき
ます。

Let's Challenge!
つみたてNISAはどんな目的で利用するのが合っているか、保護者のかた
と一緒に考えてみよう！

---

4 iDeCo（個人型確定拠出年金）で 老後資金を作ろう！

①「老後2,000万円問題」は終わっていない！

2019年に「老後2,000万円問題」という言葉が注目を集めました。
金融庁の試算によると、ごく平均的な生活をしている高齢者夫婦の
世帯は、年金収入だけでは生活費をまかなえず毎月赤字が出てしまう
んだとか。老後生活が30年あるとして月々の赤字額をかけると、リタイ

ヤ（仕事を退職してのんびりすること）するまでに2,000万円貯めておかないといずれ生活できなくなるというわけです。この試算結果は新聞やネット記事などで大きく取り上げられ、不安や怒りの声がSNSにあふれました。

いまではこの言葉は聞かれなくなりましたが、事情が変わったわけでも、問題が解決したわけでもありません。「老後資金2,000万円問題」の本質は、その前から言われていた「年金だけでは老後生活を支えられないかもしれない」というみんながうすうす感じていた不安を、数字の力で世間に突きつけたことです。

とはいえ年金制度はしっかり設計してあるので、2043年の高齢者は平均で、現役サラリーマンの平均収入の半分くらいは年金としてもらえるようになっています。いま50歳の人が70歳になってリタイヤするくらいの、そう遠くない未来です。

いまの時代に置き直してみましょう。2019年の現役サラリーマンの平均手取り収入が35.7万円なので、高齢者夫婦世帯はその半分の18万円くらいを年金でもらえるイメージです。家賃がかからなければ、カツカツですが暮らしていけるかもしれませんね。

とはいえ、20年後の世界がどうなっているかはわかりません。135ページで「サービス価格の上昇」についてお話ししましたが、この先物価がどんどん上がって現役サラリーマンの収入が目減りしたら、年金収入の価値も同じように減るので、生活は苦しくなってしまいます。

そして、日本人はどんどん長生きになっています。ありがたいことではありますが、健康でなく病院のお世話になる期間が長くなれば、そ

れだけ医療費や介護費も多くかかります。どうやらこの先、現役世代の半分の収入だけでは、生活がどんどん苦しくなっていきそうな匂いしかしないと思いませんか?

　こんな未来を変えるために、国は国民に投資をしてもらい、自力で老後資金を作ってほしいと考えました。そのための強力な非課税特典を受けられる口座が、iDeCo（個人型確定拠出年金）です。

　収入が多く貯金だけで老後資金を用意できる人や、山奥で自給自足の生活を送れるようなサバイバル上手な人でなければ、ぜひiDeCoを積極的に利用して、老後資金をしっかり作っておいてほしいと思います。

　「個人型」でなく、お勤めの会社で「企業型」確定拠出年金が用意されている人がいると思います。iDeCoと共通する部分が多いので、このまま読み進めていってください。

Let's Challenge!
保護者のかたに「老後2,000万円問題」について意見を聞いてみよう!

②iDeCoのしくみとメリットを理解しよう!

　毎月の給料から引かれている厚生年金の掛け金や、自営業やフリーランスの人が支払う国民年金の掛け金とは別に、自分の収入から資金を出して、老後にもらう年金を増やすための有利なしくみがiDeCoです。60歳になると、運用資金を一時金として一括で、または年金として分割でもらう時期を決めることができます。60歳までは掛け金を途中解約することはできない点は、つみたてNISAと違いま

す。売って現金化できないので、生活費に困るほどの掛け金をかけるのはやめておきましょう。

　毎月の掛け金は、立場や収入によって変わります。場合分けが少し複雑なので、表にまとめました。

働き方・年金加入形態		掛け金の上限（月額）
会社員・公務員	勤め先に企業年金がない	2.3万円
	企業確定拠出年金だけに加入している	2.0万円
	企業確定拠出年金と確定給付年金の両方に加入している	1.2万円
	確定給付年金だけに加入している	1.2万円
	公務員	1.2万円
専業主婦（主夫）		2.3万円
自営業・フリーランス		6.8万円

　厚生年金に加入できない自営業やフリーランスの人は、厚生年金の分も含めて自分で年金を作れるように、毎月の掛け金上限が大きくなっています。勤め先に厚生年金しかない人や専業主婦（主夫）も掛け金が比較的大きく、iDeCoとは別に企業年金を利用できる人は「ちょい足し」程度の掛け金となっています。

　iDeCo口座を利用するメリットは、主に2つあります。

　まず1つ目が、毎月の掛け金を全額「所得控除」にできることです。掛け金を丸ごと、所得税と住民税を計算する時のベースになる「所得」から差し引くことができるので、税金が減るのです。将来の備えのためにお金を掛ける人に対して、国が少しだけ税金を減らして、応援してくれているわけです。

　35歳、年収500万円で企業年金のない会社員が、毎月2.3万円の掛

け金をかけるとします。1年間の掛け金は27万6,000円になりますが、この時、所得税と住民税は約5万5,000円の節税になります。毎年22万1,000円の支払いで27万6,000円分の投資ができるという計算で、これはとんでもなくお得だと思いませんか？

2つ目のメリットは、分配金と売却益にかかる税金が非課税になることです。さらにつみたてNISAとは違い、1回売ってしまったら非課税メリットは終わりというわけではありません。iDeCo口座の中では何度でも売買でき、年金の受け取りが終了するまで運用を続けることができます。自分の資産の状況や経済の変化に対応して売り買いを行ない、運用資金全体を調節していくことができるのは、NISAにはない大きなメリットです。

証券会社でiDeCo口座を開き、毎月の掛け金と投資するファンド、資金配分を決めます。そのあとは定期・定額で銀行から掛け金が引き落とされるようになり、自動的に決めた運用方法で投資されていきます。iDeCo口座では株式やREIT、債券などは購入できず、証券会社が指定するファンドを組み合わせて運用します。

iDeCoの細かい点については、ネットで「iDeCoナビ」を検索し、「個人型確定拠出年金「iDeCo（イデコ）」とは？」のページを見てください。

③iDeCoの投資の考え方

iDeCo口座で投資できるファンドは証券会社が決めたものに限られていますが、つみたてNISAとは違い、金融庁の基準があるわけではありません。証券会社によっては手数料の高いインデックスファンドや、あまり成績の良くないアクティブファンドしか買えない場合もあります。

iDeCo口座の品ぞろえを見ても、やはりSBI証券と楽天証券は良い

ファンドが並んでいます。この本では、両社のiDeCo口座で買えるファンドの中から、おすすめ商品をお伝えしていきます。

　iDeCo口座の運用では、次の3点に注意して運用方針を考えていきましょう。

　まず1つ目が、運用期間がとても長いということです。つみたてNISAの20年も十分長いのですが、iDeCoではもっと長くなることもありえます。

　たとえば30歳の人がiDeCoに加入した場合、もっとも長い場合で、65歳まで積み立て投資を続けることができます。その後も資金の追加はできませんが、運用は続行です。運用した資金をもらい始める年齢は75歳まで遅らせることができ、20年の分割で受け取ることができるので、95歳まで年金をもらいながら運用が続くことになります。つまり、30歳の人はもっとも長い場合で65年間、iDeCo口座を利用して非課税で運用することができるのです。

　株式投資というプラスサムゲームを、非課税でこれほど長く続けられるメリットを考えると、iDeCo口座ではぜひ、高い運用成績を積極的にねらってほしいと思います。144ページで使った「安全重視」「ほどほどの利益」「値上がり重視」という投資方針のうち、「安全重視」は70歳になるまで考えないようにしましょう。

　2つ目が、つみたてNISAより投資できるファンドの種類が多いことです。

　つみたてNISAでは株式ファンドとバランスファンドにしか投資できませんでした。それでも十分ではあるのですが、iDeCoではREITや債券、そして金に投資できるファンドが用意されています。アクティブファンドの種類もより豊富です。より積極的に利益をねらいたい人にとっては、つみたてNISAよりやりがいの大きい口座だといえるでしょう。

そして3つ目が、分散投資がより重要になるということです。

　iDeCoでは投資できるファンドの数が多く自由に売り買いできることから、資金の配分を特定の資産に集中させてしまったり、ひんぱんに売買を繰り返したりというような、かたよった投資をしてしまうことがあります。特に投資を始めて間もないうちは、売買をすることやポートフォリオ（ファンドの組み合わせ）をいじること自体が楽しく感じられることも「あるある」です。

　ここで、85ページでお話ししたことを思い返してください。ある証券会社が顧客の口座の中で、特に運用成績が良い口座の特徴を調べたところ、一番成績が良かったのは「すでに死んだ人の口座」でした。そして2番目は「投資したことを完全に忘れていた口座」だったのです。ポートフォリオをいじらないほうが良い場合も多々あることを忘れてはいけません。

　そして、最長で60年以上になる超長期投資で、基本は放置しながら着実に資産を作っていくためには、分散投資が重要になります。ポートフォリオをかたよらせた部分、たとえばある国や地域、資産だけが経済ショックや天災で大きなダメージを受けることもあり得ます。分散投資はなるべく多くの資産を利用して、必ず行ってください。

④おすすめポートフォリオとおすすめファンド

iDeCo口座では、基本は「値上がり重視」のポートフォリオをおすすめします。どうしても性格的に運用資金の大きな増減に耐えられない人や、60歳近くになってiDeCoを始める人だけ、「ほどほどの利益」を選んでください。

■ 値上がり重視

日本株式	25%	(SBI) SBI中小型割安成長株ファンドジェイリバイバ<DC年金>\n(楽天) MHAM日本成長株ファンド<DC年金>
先進国株式	25%	(SBI) 農林中金<パートナーズ>長期厳選投資おおぶね\n(楽天) たわらノーロード先進国株式
新興国株式	20%	(SBI) eMAXIS Slim新興国株式インデックス\n(楽天) インデックスファンド海外新興国 (エマージング) 株式
日本REIT	10%	(SBI) ニッセイJリートインデックスファンド\n(楽天) 三井住友・DC日本リートインデックスファンド
先進国REIT	10%	(SBI・楽天) 三井住友・DC外国リートインデックスファンド
日本債券	0%	(SBI) なし
	10%	(楽天) たわらノーロード国内債券
金	10%	(SBI) 三菱UFJ純金ファンド (ファインゴールド)
	0%	(楽天) なし

■ ほどほどの利益

日本株式	15%	(SBI) eMAXIS Slim国内株式 (TOPIX)\n(楽天) 三井住友・DCつみたてNISA・日本株インデックスファンド
先進国株式	15%	(SBI) eMAXIS Slim先進国株式インデックス\n(楽天) たわらノーロード先進国株式
新興国株式	10%	(SBI) eMAXIS Slim新興国株式インデックス\n(楽天) インデックスファンド海外新興国 (エマージング) 株式
日本REIT	10%	(SBI) ニッセイJリートインデックスファンド\n(楽天) 三井住友・DC日本リートインデックスファンド
先進国REIT	10%	(SBI・楽天) 三井住友・DC外国リートインデックスファンド
日本債券	30%	(SBI) eMAXIS Slim国内債券インデックス
	40%	(楽天) たわらノーロード国内債券
金	10%	(SBI) 三菱UFJ純金ファンド (ファインゴールド)
	0%	(楽天) なし

「値上がり重視」と「ほどほどの利益」では、資産配分が大きく違います。

　「値上がり重視」では、資産を増やす力が強い株式とREITに合計で90%を配分し、分散の役割を果たす債券と金の配分を小さくしています。「ほどほど」の利益では、株式とREITの合計を60%に抑えています。

　「値上がり重視」ではアクティブファンドを取り入れました。

　複数の投資情報会社や運用会社の調査で、日本株ファンドは他の地域に比べて、アクティブがインデックスに勝ちやすい傾向があることがわかっています。SBI証券で購入できる「SBI中小型割安成長株ファンドジェイリバイブ＜DC年金＞」、楽天証券で購入できる「MHAM日本成長株ファンド＜DC年金＞」のどちらも、大きな資金を動かす世界の機関投資家が見過ごしている、国内の小型株を厳選して投資するファンドです。小型株を中心に運用すると、強いライバルが少ないので日本株全体で運用するより勝ちやすいのです。運用方針にぶれがなく過去の成績も良いので、超長期運用で大きな利益をねらうならぜひ取り入れましょう。

　この先も高齢化が進んでいく日本では、おそらくいま働いている世代のほとんどが70歳までリタイヤできません。高齢者も頑張って働かないと、労働者不足で国内の産業が維持できなくなってしまうからです。つまり、多くの人が給料をもらう期間が長くなるので、年金支給は70歳くらいまで延期することができるようになります。

　リタイヤが見えてきたころに、iDeCoのポートフォリオを「安全重視」に変更しましょう。運用資金が大きく増えており、この先の運用期間があまり長くないところで、経済ショックや天災で大きく資産を減らしてし

まうと、取り返しがつかないからです。とはいえ、運用はまだ続くので、株式やREITにも少しは配分したポートフォリオにしています。

■ 安全重視

日本株式	5%	(SBI) eMAXIS Slim国内株式 (TOPIX) (楽天) 三井住友・DCつみたてNISA・日本株インデックスファンド
先進国株式	5%	(SBI) eMAXIS Slim先進国株式インデックス (楽天) たわらノーロード先進国株式
新興国株式	5%	(SBI) eMAXIS Slim新興国株式インデックス (楽天) インデックスファンド海外新興国 (エマージング) 株式
日本REIT	5%	(SBI) ニッセイJリートインデックスファンド (楽天) 三井住友・DC日本リートインデックスファンド
先進国REIT	5%	(SBI・楽天) 三井住友・DC外国リートインデックスファンド
日本債券	65%	(SBI) eMAXIS Slim国内債券インデックス
	75%	(楽天) たわらノーロード国内債券
金	10%	(SBI) 三菱UFJ純金ファンド (ファインゴールド)
	0%	(楽天) なし

　ファンドを選んで資金配分を設定すると、あとは自動で運用資金が積みあがっていきます。

　運用が長く続くと、値上がりするファンドと値下がりするファンドの差がついてくるので、運用資産の配分が決めた割合からずれてくることがよくあります。そこで高くなったファンドを売り、安くなったファンドを買って配分を決めた割合に近づけていくと、長期的な運用成績が良くなります。

　この作業を「リバランス」と言います。リバランスは年に1回、日を決めて行う程度で十分です。あるファンドだけが50％も上がるようなブームが来た時には、臨時でリバランスを行なってください。

　ポートフォリオに金を少し入れておくと、長期間では運用成績を下げることなく、資産全体での値動きを抑えることができます。そして、歴

史上では何度かやってきた激しいインフレ（物価が上がること）になると、金の価格も急激に上がります。他の資産は激しいインフレの時は値を下げますが、金だけはインフレに強いのです。その時は臨時にリバランスを行なって、他の資産を安値で買うチャンスです。

Let's Challenge!
保護者のかたに、インフレが私たちの生活に与える影響について聞いてみよう！

第6章

「投資」ではない「投機」は 手出し無用！

1 投資と投機の違いは 「もうかる根拠」と「再現性」

　あなたがこの本を読んだ理由は何でしょうか。投資の基本を学びたい、iDeCoやNISAについて知りたいなどいろんな理由があると思いますが、その大本にはお金をふやしたいという気持ちがあると思います。

　これまで読んできてくれた人ならよくわかっていると思いますが、投資でお金を着実に増やしていくには時間がかかります。株式の長期投資はプラスサムゲームなので、長く続ければ続けるほどもうかりやすくなるというお話を覚えているでしょうか?

　少なくとも、日本や米国など先進国の株式市場の歴史をさかのぼると、20年間の長期インデックス投資がマイナスに終わったことはほとんどありません。株式インデックス投資に限らず、アクティブ投資もじょうずに取り入れて、さらに債券やREITも含めて幅広く分散投資をすることで、着実にもうかる可能性はより高くなります。

　あたりまえのことですが、同じ投資信託やバランスファンドを買えば、だれでも同じ投資結果が得られます。つまり、個人の「うまいへた」に関係なく、もうかりやすいのが投資だと言うことができるわけです。

　このことを別の言い方をすると、こうなります。

　長期投資や分散投資は、その長い歴史が「もうかる根拠」になっています。そして、投資信託やファンドという良い道具を使えばだれでも同じ投資結果が得られるので、「再現性が高い」のです。

　これまでに紹介してきた投資法について、「もうかる根拠」と「再現性」の観点で表にまとめてみました。

	もうかる根拠	再現性	解説
株式	◎	◎	利益を生み出す組織である会社のオーナーになることであり、長い歴史を見てももうかることが確かめられている。ファンドを使えばだれでも歴史で確かめられたものと同じ手法をとることができ、同じ結果が得られる
債券	◎	◎	利息という確実な利益が得られて、元本が返ってくるものなのでもうかる根拠があるし、歴史の裏付けもある。ファンドを使えばだれでも、同じ結果が得られる
REIT	◎	◎	家賃という利益を生み出す不動産のオーナーになることなので、もうかる根拠がある。ファンドを使えばだれでも同じ結果が得られる
インデックス投資	◎	◎	株式や債券、REITへの分散投資がしやすくなるので、より着実にもうかる可能性が高くなる
アクティブ投資	◎	△	株式や債券、REITなどに投資するのでもうかる根拠はあるが、投資の手法によってはうまくいかないことがあるので注意と知識が必要
バランスファンド	◎	◎	株式や債券、REITなどに投資するのでもうかる根拠があり、幅広く分散投資をするのでより着実にもうかる可能性が高くなる
ロボアドバイザー	◎	◎	株式や債券、REITなどに投資するのでもうかる根拠があり、幅広く分散投資をするので着実にもうかる可能性は高い。ただしバランスファンドのほうが有利
株主優待投資	○	△	株式投資なのでもうかる根拠はあるし、高い優待利回りで買った金額の元を取ってしまえば損することはなくなる。選ぶ銘柄によって投資結果は大きく変わる
インフラファンド	◎	○	家賃という利益を生み出す太陽光発電施設のオーナーになることなので、もうかる根拠がある。分散投資先として活用したい

　この本では、少なくとも「もうかる根拠がある」投資法でなければ、私たちのような一般の個人が資産を作るのに適した「投資」とは呼びません。

　根拠のない、価格の上下だけにかける売買は、投資ではなく「投

機」と言います。お金を投じる「資産」を見ているのではなく、「機会」だけに注目しているという意味です。

　別の言い方もできます。もうからなくてもよい、またはうまくいかなくてもよいけれど、やりたくなってしまうものといったら、それは「趣味」ではないでしょうか?

　これまでに紹介してきた投資法は、どれももうかる根拠があり、それを実現する方法もだいたい決まっているものを選んできました。

　この章では、投資ではない「投機」で、あくまでも「趣味」と思ってもらいたいものについてお話ししていきます。楽しみと割り切って、おこづかいの範囲でする分にはかまわないと思いますが、着実にもうけたいと思う人は、手を出さないほうが良いでしょう。競馬やパチンコでもうけたいと言うのと変わらないからです。

　書籍やネットの記事などでは、この章で紹介する投機で、大もうけをした人のエピソードを山ほど見ることができます。必勝法もよく紹介されているので、自分にも大もうけができる!と思ってもムリはありません。

　投機は、もうかる根拠がない「お金の奪い合い」です。弱肉強食の世界では、ごく少数の天才か、猛烈な努力家か、強運の持ち主だけが大もうけできます。それ以外の、わたしたちのような普通の人々は、ドカンと、またはじわじわと損をして結局は退場することになるのです。

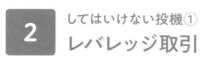

2 してはいけない投機①
レバレッジ取引

①レバレッジ取引とは？

　短い運用期間で大きくもうけたいときに、だれもが利用したくなるのが「レバレッジ取引」です。

　レバレッジ取引とは、証券会社などの取引業者に預けたお金を担保に借金をして、そのお金で預けた金額の何倍もの売買をすることです。利用する商品によって倍率は違いますが、たとえば日経平均に連動する先物の「日経225mini」の場合、最大で預けたお金の20倍程度の金額を売買することができます（2022年11月21日時点）。

　証券会社に13万5,000円の資金を預けて（証拠金といいます）、日経225 miniを最低売買単位である1枚買い付けたとしましょう。日経平均が2万7,900円だった場合、日経225 miniの価格は日経平均の100倍なので、日経平均に連動するファンドを279万円分買ったのと同じことになります。この場合、レバレッジは「279万円÷12万5,000円＝20.67倍」です。

　日経平均は、1日で1〜2％程度上下することはよくあります。仮に1％上昇した場合、日経225miniを1枚持っていると、「2万7,900円×1％×100＝2万7,900円」の含み益となります。13万5,000円に対しての2万7,900円のプラスですから、たった1日で20.7％の含み益です。

　反対に、日経平均が2％下落すると、「2万7,900円×（-2％）×100＝5万5,800円」の含み損となります。たった1日で、41.3％という大幅なマイナスになってしまいました。

　このように、レバレッジ取引は上がった時も下がった時も、それにはずみをつける強い力があることがわかるでしょう。当たれば大きいですが、賭けに負ければ大変なことになります。

上の例では、取引業者には13万5,000円しか預けていませんでした。ということは、日経平均が4.9％下落すると含み損が13万5,000円を超えてしまい、預けたお金が吹き飛んでしまいます。

　過去の歴史を見ると、日経平均は最大で1日に14.9％下落したことがあります。また同じことが起きれば、日経225 miniの価格の下落幅は41万5,710円です。右の図のように、たった1日で証拠金の13万5,000円を吹き飛ばし、さらに28万円の借金を証券会社に対して背負うことになってしまうのです。

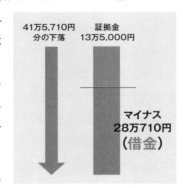

　取引業者は、顧客が大きなマイナスを抱えて支払えなくなるのは困ります。そこで、レバレッジ取引ではマイナスを抱える前に強制的に取引を解消してしまう「ロスカット」というしくみがもうけられていますが、一瞬で値が大きく動いてしまった場合にはロスカットが効かないこともあります。そうなれば、顧客のマイナスは避けられません。恐ろしいと思いませんか？

　レバレッジ取引は当たればもうけは大きいものですが、はずれればあっという間に身を亡ぼします。投資に慣れてくれば使いみちもありますが、初心者のうちは取扱要注意の取引です。

②株式のレバレッジ取引：信用取引、CFD、先物

　株式のレバレッジ取引にはさまざまな方法があります。大きく、「専用の口座を開いて行う」ものと「ファンドやETFを通じて行う」方法に

分けることができます。まず、専用の口座で行なうものから説明していきましょう。商品名と、特徴を表にまとめました。どれも行なってほしくないものなので、かんたんに説明しています。

サービス名	最大レバレッジ	取扱商品	概要
信用取引	3.3倍	個別株式 ETF	現金や株式、ファンドなどを担保に、証券会社からお金を借りて取引する。保有している株を担保にして同じ銘柄を信用取引で買うと、レバレッジは最大で3.3倍になる。ゼロ金利の日本でも信用の金利は3%を超えていることが多く、高い。個別銘柄のレバレッジ取引ができる点が特徴。
CFD	10倍	株価指数 個別株式 ETF	信用取引と違ってお金を借りることはないが、金利負担は価格に含まれているので有利なわけではない。日本だけでなく世界の株価指数や、米国の個別株などのレバレッジ取引ができる。レバレッジが大きい分、マイナスになる危険も大きい。
先物	20倍	株価指数	国内の株価指数である日経平均やTOPIX、東証マザーズ指数、東証REIT指数、米国のダウ平均などの先物を取り扱っている。個人がよく利用する日経225 miniの場合、2022年11月現在の必要な証拠金は13万5000円と、ある程度まとまった資金が必要。利益も危険も一番大きい。

　この中で唯一、長期投資に活用できておすすめできる点があるのは信用取引です。

　野村證券の信用取引は金利が0.5%と格安です。資金が多くある人は、自分で個別株なりETFなりを使って、低いレバレッジのポートフォリオを組むとよいでしょう。

　無期限で投資できる一般信用を使って、大きな経済ショックや景気後退で相場がどん底に来た時期を見計らい、1.5倍程度の低レバレッジで購入します。これならロスカットにあう心配も小さく、プラスサムゲームの長期投資をさらに有利にすることができます。投資に慣れてきたら、使ってみてもよいでしょう。

③レバレッジファンド、ETF

　ここ数年で、1日ごとに投資金額の2倍〜4倍程度の投資成績が得られるレバレッジファンドや、レバレッジETFが人気を集めるようになりました。

　そのきっかけは米国株ブームです。2009年のリーマンショック以降およそ12年にわたって、米国成長株の値動きを代表するNASDAQ-100という指数は、一本調子に上昇してきました。iPhoneを販売しているアップルやネット通販のアマゾン、YouTubeや検索サイトを運営しているグーグルなどのハイテク株ブームに乗って、NASDAQ-100に連動するインデックスファンドへの投資額が急増しました。2009年3月から2019年年末までの間に、NASDAQ-100に連動するETFは日本円換算で約8.8倍になったのです。

　そこにNASDAQ-100にレバレッジをかけたファンドやETFが続々登場します。それまでの勢いが続くなら、今後10年で20倍も夢じゃないのでは!?と考えて投資した人たちは、コロナの影響で米国成長株が急上昇したのを受けて大成功しました。個人投資家の間では「レバナス」という愛称がつけられるほどの人気です。

　ところが、2022年になるとNASDAQ-100レバレッジファンドの成績は急降下します。2021年の年末から11月18日までの間に、NASDAQ-100レバレッジファンドは55.8%の暴落となりました。当たれば大きいが外れると一気に苦しくなる、レバレッジ投資の特徴がよく表れています。

　レバレッジファンドやETFが信用取引やCFD、先物と大きく違うのは、株価が下がっても借金を背負う可能性がないことです。最悪でも、投資した金額がゼロになるだけで済みます。

**　その代わり、保有期間が長期になると、レバレッジファンド・ETFはじわじ**

わと基準価額が下がっていきます。くわしい説明はむずかしくなるので省略しますが、**価格がジグザグと上下すればするだけ、レバレッジファンド・ETFは基準価額の目減りが大きくなります。**

　その例として、日本株を代表する指数であるTOPIXのレバレッジファンドを見てみましょう。

　TOPIXのレバレッジファンドには2つの種類があります。TOPIXが上がった時に上昇し、その上下幅が4.3倍になる「ブルファンド」と、TOPIXが下がった時に上昇し、その上下幅が3.8倍になる「ベアファンド」です。この先株価が上がると思う人はブルを、下がると思う人はベアを購入します。

　2021年11月22日〜2022年11月18日の1年間で、TOPIXは1.3％下がりました。そしてこの間、ブルファンドの運用成績は-40.5％、ベアファンドの成績は-22.9％と、大変なことになっています。インデックスにはこの1年でほとんど変化がないのに、レバレッジファンドに投資していたら大損です。この間のジグザグで、投資資金が大きく削られてしまったことがよくわかると思います。**借金を背負うことがないからといって、レバレッジファンドやETFが信用取引などより有利だとは言えません。**

　レバレッジファンドへの投資は避けましょう。

Let's Challenge!

　「レバレッジ」という言葉の意味と、良い点と悪い点について保護者のかたと一緒におさらいしてみよう！

3　してはいけない投機②

FX（為替証拠金取引）

FX（為替証拠金取引）とは、世界各国のお金（通貨）を両替する取引です。

　たとえばアメリカに旅行するときは、日本の円をアメリカのドルに両替して使います。FXはこれをネット上で行なう取引で、円と他の通貨を両替するだけでなく、他国の通貨同士の両替取引もできます。FXでドルをユーロに交換する取引をすると、「ユーロ／ドル」（ユーロを買ってドルを売る）というポジション（両替の契約）を持つことになります。

　話をわかりやすくするため、最初にFXは両替だと言いましたが、実際には違います。FXは「通貨を両替した状態」をポジションとして持つことなので、必ず反対の売買をして清算する必要があります。ドルを売ってユーロを買ったからと言って、口座にドルがあるわけではないのです。

　例として、1ドル＝100円の時に100万円を1万ドルに換えたとしましょう。放っておけばこの状態の契約が続くので、利益なり損失なりを確定させるには、ドルを円に換える反対売買をする必要があります。

　ここで、右の図を見てください。反対売買をする時、1ドル＝110円になっていれば、1万ドルが110万円に交換できるので、最初の100万円から取引によって10万円もうかったことになります。反対に、1ドル＝90円になっていれば、差し引きで10万円の損を確定させることになります。

　うまくいけばもうかるのかなあという感じではありますが、**FXはまぎれもなく「してはいけない投機」です。その理由は2つあります。**

　まず1つ目は、「通貨を交換するだけでもうかるはずがない」ということです。

　株やREITであれば会社（投資法人）からの配当、債券であれば金利という確かにもうかる根拠があります。

　配当や金利は、投資家に現金を受け渡すもので、これを「キャッシュフ

ロー」と言います。キャッシュフローは会社の社員の頑張りや、国は金利を必ず支払うという信用によって成り立っています。キャッシュフローを発生させるものだけが、長期投資でもうかるものです。

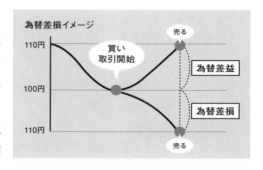

為替差損イメージ
110円
買い
取引開始
100円
110円
売る
為替差益
為替差損
売る

　これに対して、たとえば円をドルに換えて持っておくだけでは、キャッシュフローが発生しません。その両替取引の向こうで誰かが頑張っているわけでも、誰かが金利支払いを保証しているわけでもないからです。

　FX取引の中には「スワップ」という、通貨同士の金利の差がもらえる通貨取引があります。毎日チャリンチャリンとお金が入ってくるので堅実なキャッシュフローがあるような気分になりますが、実際にはそうではありません。高金利通貨の金利が下がったり、逆に低金利通貨の金利が上がったりすればスワップはなくなり、さらに支払うはめになることすらあり得ます。スワップはまったく頼りになりません。

　つまり、FX取引は株式投資のようなプラスサムゲームではありません。FX取引で誰かが得をしたら、それは誰かの損によって生み出されています。FXは参加者同士で損得を奪い合っているゲームであり、まぎれもない「投機」なのです。

　そして2つ目に、FXではレバレッジ取引ができるということです。

　最大で、預けた証拠金の25倍までポジションを持つことができます。これは日経225miniの20倍を超えるレバレッジで、それだけ読み

が外れた時にくらうダメージが大きくなります。繰り返しになりますが、堅実に資産を作りたい人にとって、レバレッジ取引は大敵です。

　たとえば円をドルに交換するFX取引をしたいと考えるなら、いっそのこと米国株を長期保有した方が、ずっと資産形成のためになります。FXには手を出さないようにしましょう。

Let's Challenge!
FXがなぜ「投機」なのか、その理由を保護者のかたと一緒におさらいしてみよう！

してはいけない投機③
4 仮想通貨（暗号資産）

　ニュースなどでよく話題になっている「仮想通貨（暗号資産）」とは何でしょうか。仮想通貨はよく知らなくても、「ビットコイン」という言葉を聞いたことがある人は多いと思います。

　日本銀行のウェブサイトによると、仮想通貨とは次のような性質を持つものと定義されています。

○不特定の者に対して、代金の支払い等に使用でき、かつ、法定通貨（日本円や米国ドル等）と相互に交換できる

○電子的に記録され、移転できる

○法定通貨または法定通貨建ての資産（プリペイドカード等）ではない

　仮想通貨は、円やドルのように世界各国が認める通貨ではありません

が、一応は支払いなどに使うことができます。

　仮想通貨はコインやお札のような形がなく、ネット上でやりとりされる電子通貨です。SuicaやPayPayなどの電子マネーに似ていますが、国をまたいで広く使える点が違います。

　そして、SuicaならJR東日本、PayPayならソフトバンクグループという運営母体がありますが、仮想通貨は利用者のネットワーク自体が取引を運営しているという大きな違いもあります。

　仮想通貨には運営母体がないので、ネットワークへの攻撃や事故によって利用者が損害を受けたとしても、だれもその損害を補償してくれません。同じことがSuicaを運営するコンピュータに起き、利用者の残高が盗まれてしまった場合は、JR東日本が責任をもって利用者の損害を補償してくれるでしょう。

　本来、仮想通貨は運営母体に当たる国が信用できないという発想から生まれたものです。仮想通貨自体は安全性の高い技術ですが、大きなお金が動いていて、その動きについて責任を取る人が誰もいない以上、お金の流れを取り巻く業者やハッカー（ネットの安全対策を破る人）などに悪い人はいるものなので、現状ではこのような危険がどうしてもついて回ります。

　仮想通貨は「暗号資産」とも呼ばれます。株式や債券はまぎれもない資産ですが、仮想通貨は資産と呼ばれていてもその意味は違っている点に注意が必要です。

　株式や債券にはキャッシュフローがありますが、仮想通貨にはありません。円をドルに換えて持っておくだけではもうかる根拠がないのと同じように、仮想通貨にももうかる根拠はありません。

　仮想通貨は、それに価値があると思う人や、将来価値が大きくなっ

ていくと考えている人たちの間で売買されています。その仲間うちの中で雰囲気が盛り上がれば仮想通貨の価値は上がりますし、雰囲気が冷え込めば価値は下がります。

このような資産は仮想通貨以外にもたくさんあります。絵画やワイン、切手やコイン、高級時計などがそうです。どれもキャッシュフローはなく、仲間内でモノとお金がぐるぐる回っています。投資の分野で言えば、ゴールドとよく似ていると言われます。ゴールドは、物価が上昇する「インフレーション」の時に価格が上がります。物価の上昇はモノの価値が上がり、その反対に世界各国が管理している通貨の価値が下がっていることを意味するので、国への不信がベースにある仮想通貨と近いと思われがちです。

ただしゴールドは、もともとはお金として使われてきた貴金属であり、数千年にわたってその美しさや貴重さに価値を認められてきました。仲間うちの、ネット上の約束事でしかない仮想通貨とは、価値の重みも認めている人の数もまったく違います。

仮想通貨がいろいろな問題を克服して、広く使われる便利なものになる未来もないとは言えません。ただしいま、それにかけるのはギャンブルと同じです。お金を着実に増やしたい人は、仮想通貨には手を出さないほうがよいでしょう。

Let's Challenge!

保護者のかたに、「ビットコイン」について興味があるかどうか聞いてみよう！

5　投資詐欺に気をつけよう！

①投資詐欺とは何か

　世の中には、かんたんにお金がもうかる「投資」だという甘い言葉で人を誘い、お金をだまし取る「詐欺（サギ）」を働く人が少なくありません。

　投資したお金が必ず返ってくる「元本保証」や、「必ず儲かる」「あなただから教える」といったうまい言葉につられてお金を預けると、とたんに連絡が取れなくなりお金は戻ってこないというのが、よくある投資詐欺です。

　2014年〜2015年にかけて、金融庁には投資詐欺についての相談が5,431件も寄せられました。約6割はだまされる前の相談でしたが、4割はもうお金をだまし取られてしまった後に相談してきた人でした。金融庁に相談してきた人だけでも、毎年1,000人以上の人が投資詐欺にあっています。

　投資詐欺は、だまされている知り合いが良かれと思って誘ってくることもあります。この本を読んでいる人にとっても、まったく他人事ではないので、くれぐれも注意してください。

②投資詐欺にはいろいろな「手口」がある

　近年の投資詐欺の主な手口（手法）には、次のようなものがあります。

●未公開株

　近々証券取引所に上場する予定の株式を事前に買うことができます。とても業績が良く将来性のある会社なので、上場すれば高値がつくのは確実です。いま安く買えば大もうけできますよ……という言葉で勧誘してくるのが、未公開株詐欺です。

会社の創業者や以前からその会社の株を持っている投資家にしてみれば、必ずもうかる株式を、上場前に安く人にゆずる理由がありません。未公開株は、投資専門の企業や創業者の直接の知り合いでもない限り、証券会社を介したIPOでしか買うことができないものです。甘い言葉に耳を貸さないようにしてください。

●外国通貨

　いま急速に発展している発展途上国の通貨は、FXでは取り扱っていないけれど、あなただけにはお売りできます。ダメな日本の円とは違い、数年後には経済成長によってその通貨の価値が高くなっているので、安い今のうちに買いませんか……？というのが外国通貨詐欺です。

　必ずもうかるならだまって勝手に大もうけすればよいのに、人を誘う時点でおかしいのです。

　そしてもう1つ、よくわからないものに投資をしてはいけません。その国についてくわしいなら、正しい投資法もわかっているはずです。正しい投資法がわからないなら、誘われてもよく知らない投資法には乗らないでください。

●最先端の技術やインフラの権利

　風力発電や地熱発電、iPS細胞など、話題の先端技術やインフラの権利を利用してもうけられますよ……という風に投資を勧誘してくる人がいます。投資対象についてよく知らない場合は、誘いに乗らないようにしましょう。

●「劇場型」投資詐欺

　これまで紹介してきたようなテーマの投資詐欺について、複数の人

間が口裏を合わせて人をだます手口があります。悪質な業者の仲間が、まったく関係ないかのように別々の登場人物を演じることから、「劇場型」と呼ばれる手口です。

たとえば、名前を聞いたこともないような証券会社の社員からA社の未公開株の購入を勧められた後で、別に無関係を装う投資コンサルタントが現れて「A社の未公開株を欲しいが自分は購入する資格がないので、代理で購入してほしい。後日自分が高値で買い取るので」と頼みます。ターゲットにされた人はたちまちA社の未公開株に興味がわいて、証券会社に連絡してしまう……こんなふうに手の込んだ投資詐欺があります。

③絶対に投資詐欺に乗せられないための「2つのポイント」

実は、投資詐欺に引っかからないようにするのはまったくむずかしいことではありません。2つのポイントだけを押さえれば大丈夫です。

まず1つ目に、たとえ相手がだれであっても「大手ネット証券や大手証券会社で扱っていない投資商品」を勧められたら、すべて取り合わないようにしてください。

この本では、手数料の低さと取り扱っている商品の多さ、そして勧誘されないというメリットから、SBI証券と楽天証券をおすすめしています。この2社や他の大手ネット証券、そして野村證券などの大手証券会社で取り扱っている投資商品を売買している限り、投資詐欺にあうことはありません。

証券会社は金融商品取引法という厳しい法律を守って営業しており、金融庁の監督も受けています。競争が厳しい業界なので同業者

の見る目も厳しく、テレビや新聞、ネットメディアなどのマスコミも注目しています。怪しい投資商品を取り扱って評判を落としたり、法律に引っかかったりするようなことはしないので安心してください。

　詐欺ではなく、単に投資がうまくいかなくて損をすることはもちろんあります。それは自己責任になりますので、念のため。

　そして2つ目に、世の中にうまい話はないということを肝に銘じてください。かんたんに大もうけができるという情報を他人に勧めるようなお人よしは、世の中にそうそういません。そして、本当に人に勧めてしまうほどのお人よしは、どっちみち詐欺師にだまされています。絶対に耳を貸してはいけません。

　それでもどうしても勧誘された投資が気になったら、専門の相談窓口に連絡しましょう。公的な相談窓口に情報を伝えれば、詐欺でないかどうかを教えてくれます。

　相談窓口は以下の通りです。

　▶金融庁「金融サービス利用者相談室」
　　電話番号：0570-016811（IP電話からは03-5251-6811）
　　「金融サービス利用者相談室　ウェブサイト受付窓口」でネット検索
　▶消費者ホットライン
　　電話番号：188
　▶国民生活センター「平日バックアップ相談」
　　電話番号：03-3446-1623

　2020年の10月、まだ社会人になったばかりの若い女性が、投資詐欺にあったことで命を絶つ事件がありました。

　彼女は奨学金を返済するためのお金を作ろうとして「仮想通貨に

投資するファンド」を購入しようと、消費者金融から借りた150万円を勧誘してきた相手に渡してしまいました。しかし約束されていた配当金はもらえず、返金も受け付けてもらえません。消費者金融への返済によって親にまで迷惑がかかることを苦にして、彼女は自分の命を絶ったのです。

　投資は命をかけてまですることではありません。詐欺に引っかからないのはもちろんのこと、この本をよく読み返して、できるだけ安全で効率よくもうかる投資をするように心がけていきましょう。

Let's Challenge!
保護者のかたに「世の中にうまい話はない」という言葉をどう思うか、聞いてみよう！

日野秀規（ひの・ひでき）

ファイナンシャルプランナー・個人投資ジャーナリスト。投資全般の基礎知識のレクチャーを得意とする。投資先進国米国の最新情報をベースとした一般個人の長期資産形成と、特に仕事や賃金にフォーカスした実体経済に関する企画編集・執筆が専門。賃金停滞の時代では、株式投資は一般庶民にとって必須の「生涯保険」であると考えており、資産運用を広く普及させるために活動している。

著書に、『米国株なんて買うな！インデックス投資も今はやめとけ！グローバル割安株投資』（ビジネス教育出版社刊）がある。

Twitter：@kujiraya_fp

こどもと一緒に読む投資の話

2023年2月7日　　初版発行

著　者	日　野　秀　規	
発行者	和　田　智　明	
発行所	株式会社　ぱる出版	

〒160-0011　　東京都新宿区若葉 1 - 9 - 16
03 (3353) 2835－代表　　03 (3353) 2826－FAX
03 (3353) 3679－編集
振替　東京 00100 - 3 - 131586
印刷・製本　中央精版印刷 (株)

Printed in Japan

ISBN978-4-8272-1372-0　C0033